Dankbar verneige ich mich vor meinem Lehrer,
dem Zen-Meister
Denkyo Kyozan Joshu Roshi

AF215243

Dokushu

Der Autor des vorliegenden Buches erhielt den
Namen Dokushu von seinem Lehrer, dem Zen-
Meister Denkyo Kyozan Joshu Roshi. Dokushu
verbrachte über viele Jahre regelmäßige Zeiten in
einem Zen-Kloster.

Vieles, das Dokushu den alten Mann in der
Geschichte von der kleinen Welle sagen lässt, ist
inhaltliche Wiedergabe der Lehre des Zen-Meisters.
Zum Teil wird aus seinen Vorträgen zitiert.

Umschlaggestaltung: Dokushu

Inhaltsangabe

Wahre Liebe

Weinen – Massage für die Seele

Es war einmal ein alter Mann. Jeden Morgen ruderte er mit seinem Boot auf das Meer hinaus. Er genoss es, sich von den Wellen schaukeln zu lassen und fühlte die wiegenden Arme des Meeres, welche einer liebenden Mutter gleich ihr Baby sanft hin und her schaukelt. Die ersten Lichtstrahlen der aufgehenden Morgensonne huschten über des alten Mannes Augen. Sein Herz grüßte die morgendlichen Sonnenstrahlen und er erwiderte ihre Liebe mit selbstvergessener Hingabe.

Hatte er geträumt? - War da nicht ein zartes Stimmchen, das zu ihm gesprochen hatte? Der alte Mann schaute sich suchend um.

„Wer spricht zu mir?"

„Ich spreche zu Dir", sagte das Stimmchen.

„Wer ist „Ich", wo bist Du?"

„Ich bin hier im Wasser".

„Ach, Du bist die kleine Welle, die ich vor mir auf dem Wasser tanzen sehe".

„Ja", entgegnete die kleine Welle, „das bin ich".

„Ist das nicht ein schöner Morgen?" sagte der alte Mann. „Die Sonne scheint, die Sonnenstrahlen funkeln auf der Wasseroberfläche und durchdringen mein Herz und erfüllen mich mit Liebe und Dankbarkeit. Was für ein Glück!"

„Ich bin aber überhaupt nicht glücklich", sagte die kleine Welle.

„Warum denn nicht?" fragte der alte Mann. „Was ist Dein Kummer?"

Die kleine Welle atmete schwer und seufzte. Ihr fiel es schwer, die richtigen Worte zu finden. Endlich brachte sie stockend hervor: „Jeden Tag spiele ich mit meinen Wellenfreunden. Wir jagen uns gegenseitig und versuchen, uns zu fangen - aus Spaß und Übermut".

„Siehst Du", sagte der alte Mann. „Beim Spiel mit Deinen Freunden geht es Dir gut, zumindest hört es sich so an, als ob Du dabei glücklich wärst".

„Für den Augenblick schon", entgegnete die kleine Welle. „Aber", und ihre Stimme kämpfte mit einem Kloss im Hals, „aber dann muss ich sehen, dass einige Wellenfreunde immer kleiner werden, bis sie vom Meer vollständig verschluckt werden. Sie verschwinden einfach"

Die kleine Welle fing an zu weinen. „Alle Wellen sterben nach einiger Zeit und ich werde auch sterben müssen" schluchzte sie.

„Jetzt verstehe ich Dich", sagte der alte Mann. „Es ist die Vergänglichkeit, die Dir Kummer macht."

„Ich will nicht sterben", sagte die kleine Welle, „ich will nicht!"

Ihr Schluchzen wurde immer lauter und verzweifelter. Der alte Mann schwieg und streichelte sanft über das Köpfchen der Welle, bis ihr Weinen und Schluchzen sich erschöpft hatten.

„Fühlst Du Dich jetzt besser?" fragte der alte Mann.

„Ein bisschen schon", entgegnete die kleine Welle.

„Weinen ist wie eine Massage für die Seele. Und Du siehst, auch das Weinen hört irgendwann auf. Auch das Weinen ist vergänglich und endet in Ruhe und Frieden. Ich denke, das ist gut so."

„Ich will aber nicht sterben".

Erneut begann die kleine Welle zu weinen.

Der alte Mann fragte: "Kleine Welle, was hast Du eben gesagt?"

„Ich will nicht sterben."

Der alte Mann fragte: „Wer sagt das?"

„Ich, ich, ich" erwiderte die kleine Welle ärgerlich. - Wie kann man nur eine so dumme Frage stellen, dachte sie, aber weil der alte Mann so freundlich war, behielt sie den Gedanken für sich.

Der alte Mann: „Ist Dein „Ich" Dein Körper, Dein Wellenkörper?"

„Ja natürlich", entgegnete die kleine Welle.

„Was gehört denn noch zu Deinem „Ich"?" fragte der alte Mann. „Sind es Deine Wahrnehmungen, Deine Empfindungen?" - „Ja". „Sind es Deine Gefühle?" - „Ja". „Deine Gedanken?" - „Ja". „Dein Bewusstsein?"

„Ja, all dies", sagte die kleine Welle.

Etwas verwirrt dachte sie: Was für seltsame Fragen! Sie wartete gespannt darauf, was der alte Mann noch alles fragen würde.

Langes Schweigen.

Sag mal „HA"!

Freundlich schaute der alte Mann der kleinen Welle in ihr verweintes Gesicht und forderte sie auf: „Sag mal „HA"!"

Die kleine Welle verdutzt: „Was soll ich sagen?"

„Sag mal „HA"!" wiederholte der alte Mann.

Jetzt musste die kleine Welle lachen. „HA!" rief sie.

Der alte Mann forderte die kleine Welle auf: „Noch einmal lauter!"

„HA!" sagte die kleine Welle so laut sie nur konnte und schaute den alten Mann fragend an.

„Wo ist das „HA" hingegangen, nachdem Du „HA" gesagt hast?"

„Wo das „HA" hingegangen ist?" Die kleine Welle dachte: „So eine unsinnige Frage!"

Vorwurfsvoll: „Wo soll das „HA" denn hingegangen sein?" Die kleine Welle fand keine Antwort.

Nach langem Schweigen sagte der alte Mann:

"Das „HA" wurde geboren, geboren durch eine Lebensaktivität und immer gleichzeitig mit der Lebensaktivität entsteht eine Todesaktivität, die das „HA" zum Verschwinden bringt. Das „HA" wird sofort weggeschnappt. Du hast „HA" gesagt und sogleich ist das „HA" wieder verschwunden. Ebenso ist es mit Gedanken. Ein Gedanke entsteht und im gleichen

Augenblick stirbt er und macht einem neuen Gedanken Platz. Wenn er nicht sterben würde, wie sollte dann ein neuer Gedanke entstehen? - Ebenso ist es mit Empfindungen, Wahrnehmungen und Gefühlen. Wenn zum Beispiel ein Gefühl der Freude entsteht, bleibt dieses Gefühl nicht bestehen. Es verschwindet. Oder wenn ein Schmerz entsteht, wird auch der Schmerz vergehen, sich auflösen. Dein Wellenkörper, kleine Welle, wurde geboren und wird sterben. So ist es mit jeder Erscheinung. Deine Wellenfreunde werden einige Zeit nach ihrem Erscheinen wieder vom Meer verschluckt werden. Es ist genauso wie mit dem „HA". Kaum ausgesprochen, wird das „HA" weggeschnappt.

Die Äuglein der kleinen Welle flackerten unruhig. Das, was der alte Mann da erzählt hatte, war etwas, das die kleine Welle eigentlich nicht hatte hören wollen.

„Dass alles weggeschnappt wird, gefällt mir nicht".

Der alte Mann: „Welche Antwort wäre Dir denn lieber gewesen?"

Kleine Welle: „Dass nichts weggeschnappt wird und alles bleibt."

Alter Mann: „Schau genau hin, dann könnte nichts Neues entstehen. Es könnte nichts Neues geboren werden, weder ein Gedanke, noch ein Gefühl, ein neues Leben."

Bedrückt ließ die kleine Welle ihren Blick über die Wasseroberfläche gleiten.

Freundlich fuhr der alte Mann fort:

„Es gibt eine sich ausdehnende Lebensaktivität, ausdehnend in die materielle Welt - und gleichzeitig eine sich zusammenziehende, kontrahierende Todesaktivität, die alles Erscheinende vernichtet. Alles Existierende hat diese beiden Aktivitäten. Immer, immer steht der Lebensaktivität die Todesaktivität entgegen und beide Aktivitäten wirken gleichzeitig. Alles ist im Zustand des Fließens. Alles erscheint uns so selbstverständlich, dass wir es kaum oder nicht bemerken."

Kleine Welle: „Wie soll ich mir das vorstellen, dass die Lebensaktivität ausdehnend und die Todesaktivität zusammenziehend ist? Das versteht keiner."

Alter Mann: „Vielleicht hilft Dir diese Erklärung:

Wenn Wasser erwärmt wird, dehnt es sich aus bis es in den Dampfzustand übergeht. Wenn Wasser kalt wird, zieht es sich zusammen. Wasser, das keine Wärme enthält, kann sich nicht ausdehnen. Deshalb nennen wir die ausdehnende Aktivität die Aktivität des Lebens und die zusammenziehende Kälte die Aktivität des Todes, die zum Nichtexistieren drängt.

Die kleine Welle verständnislos: „Dass Leben Aktivität bedeutet, leuchtet mir ein. Aber Du sprichst von einer Aktivität des Todes? Schau mal, alter Mann, ich tanze hier um Dein Boot herum. Hast Du gesehen? Bist Du einverstanden, dass das die

Aktivität des Lebens ist? Wo ist denn da die Aktivität des Todes?"

Alter Mann: „Wie ich sehe, hast Du mit dem Tanzen aufgehört. Oder tanzt Du immer noch? Dieses Aufhören ist eine Aktivität des Nichtexistierens.

Die meisten Menschen beschäftigen sich ausschließlich mit der bejahenden Lebensaktivität. Wenn sie sich nur auf der Basis der Selbstbejahung befinden, drängen sie sich ständig in den Vordergrund. Diese Menschen haben nur eine Verbindung zu einer Hälfte des Absoluten. Diese Menschen leben in einer Welt, in der sie sich mit ihren Zielen und Wünschen beschäftigen. Es gibt aber nicht nur diese Aktivität in der äußeren Welt, sondern auf der entgegengesetzten Seite die Aktivität der Auflösung, der Selbstverneinung, vor der viele Menschen Angst haben. Angst vor dem Unsichtbarwerden, Angst vor dem Ich-Verlust, Angst vor dem Tod. Eine ausschließliche Bejahung erfasst nicht die Wirklichkeit. Es ist so schwer, die Gleichzeitigkeit von Lebens- und Todesaktivität zu akzeptieren.

Vertrau mir kleine Welle, noch heute wird etwas geschehen und Du wirst verstehen.

Die Süße der Erdbeere

„Selbstverneinung bedeutet Stille. Das „Ich" schweigt. Beispiel: Ein Reiter betrachtet ein Pferd und sagt: was für ein schönes Pferd. Wer sagt das? – Es ist sein „Ich". Das ist eine Selbstbejahung. Wenn der Reiter selbstvergessen mit dem Pferd Eins wird, zum Beispiel beim Galoppieren, hat sich in diesem Moment sein „Ich" aufgelöst. Hier gibt es kein „Ich", das denkt. Das nenne ich Selbstverneinung. Tänzer, Pianisten, Maler, Künstler, die sich bei Ausübung ihrer Kunst zwischenzeitlich nicht selbst vergessen, nicht Eins werden mit der Musik oder mit dem Bild, sind keine wahren Künstler. Man muss jedoch kein Künstler sein. Eine Selbstaufgabe geschieht im alltäglichen Leben unentwegt.

Wenn Du, keine Welle, „HA" sagst, nimmst Du „HA" wahr, aber das Verschwinden von „HA" ist Dir nicht bewusst. Jenseits von Lebens- und Todesaktivität gibt es eine Welt hinter den Kulissen. Es ist keine menschliche Welt. Ein „Ich" existiert hier nicht. Diese Welt meine ich, wenn ich vom Wahren Selbst spreche."

„Ein „Ich" existiert nicht mehr?"

„Das Ich-Bewusstsein löst sich zwischenzeitlich immer wieder auf."

Kleine Welle: „Das glaube ich nicht. Mein Ich-Bewusstsein löst sich nicht auf."

„Doch", sagte der alte Mann. „Du merkst es nur nicht".

Alter Mann: „Vielleicht kann ich das, was ich meine, mit einer Geschichte, die mir einmal ein Mönch erzählt hat, besser erklären.

Die Geschichte:

Ein Mann wandert durch die Savanne. Plötzlich bemerkt er, dass er von Löwen verfolgt wird. Er rennt um sein Leben. Im letzten Augenblick gelingt es dem Mann, einen Abhang hinunter zu springen. Glücklicherweise kann er sich an Wurzeln festhalten, so dass er nicht in die Tiefe fällt. Er ist den Löwen erst einmal entkommen. Zu seinem Entsetzen sieht er in der Tiefe der Schlucht ebenfalls Löwen, die nur darauf warten, dass er herunterfällt. Zudem machen sich Wühlmäuse an den Wurzeln zu schaffen, an denen der Mann sich festkrallt. In dieser Situation sieht er eine wunderschöne, dicke Erdbeere. Er ergreift diese Erdbeere, steckt sie in den Mund.

Hhhmmmmm!!!

Was glaubst Du, kleine Welle, denkt der Mann in dem Augenblick, in dem er hhhmmmm die Süße wahrnimmt?"

Kleine Welle: „Natürlich denkt er."

„Nein. Er denkt nicht. Er hat sich **in der Süße der Erdbeere aufgelöst.**"

Wenn er kurz danach denkt: oh, die Erdbeere hat aber geschmeckt, dann befindet er sich wieder im Ich-Bewusstsein."

„Wie hat der Mann sich in der Süße der Erdbeere aufgelöst? Wie soll das denn gehen?"

Alter Mann: „ Es geht nur durch vollkommene Hingabe. Hier gibt es kein Denken, kein Bewusstsein, kein Bewusstsein von Sein oder Nicht-Sein. Das Ich-Bewusstsein ist verschwunden und damit die als Objekt betrachtete Welt. Das ist mit Selbstverneinung gemeint.

Kann der Mann in diesem Zustand bleiben? - Nein, er kann es nicht. Er hat sich beim Bewusstwerden und Denken über die Süße der Erdbeere aus diesem Zustand der Einheit bereits entfernt.

Ein Löwe brüllt. KKKKRRRAAAHHHKR. „Wo ist der Mann jetzt? – Er hat sich im KKKKRRRAAAHHHKR aufgelöst.

Das ist damit gemeint, wenn gesagt wird, dass man mit jeder Situation verschmilzt. Wenn man die Bereitschaft, sich aufzulösen, nicht entwickelt, haftet man an dem Glauben eine getrennte, eigene Ich-Identität zu haben. Allerdings kann niemand in der Selbstverneinung dauerhaft bleiben. **Selbstverneinung und Selbstbejahung wechseln**

ständig. Auflösung des „Ich" und Behauptung des „Ich" im Wechsel."

Kleine Welle in überheblichem Ton: „So, alter Mann, Du sagst, der, der das Gebrüll des Löwen hört, hat sich im Gebrüll aufgelöst. Aber er sitzt doch da und hört das Brüllen. Wo hat er sich denn aufgelöst?"

Alter Mann: „Du haust einen Pflock in den Boden und fixierst diesen Pflock. Du bewegst ihn nicht. Dieser Pflock ist Dein Ich-Bewusstsein. Wenn Du alles aus Deinem Ich-Bewusstsein heraus beurteilst, kannst Du nur so denken und reden, wie Du es tust. Das Einswerden mit der Süße der Erdbeere, mit dem Gebrüll des Löwens, kann man nur in Erfahrung bringen, zum Beispiel durch Meditation.

In der materiellen Welt ist eine Welle eine Welle, ein Moskito ein Moskito, ein Fisch ein Fisch, eine Blume eine Blume, ein Mensch ein Mensch. In der Welt hinter den Kulissen, im Wahren Selbst ist alles Eins. Wahres Selbst hat Lebens- und Todesaktivität als Inhalt. Dies ist eine Polarität. Und: eine Polarität besteht überall.

Wenn wir reden, gibt es auch den entgegengesetzten Pol, nämlich das Schweigen. Wenn wir jemanden umarmen, braucht es einen, der sich umarmen lässt. Wenn wir gehen, haben wir Bewegung zu unserem Inhalt gemacht. Gleichzeitig gibt es einen gegenüberliegenden, komplementären Pol, das Nichtgehen. Lebens- und Todesaktivität sind auch entgegengesetzte Pole so wie Gut und Böse, Krieg und Frieden, Licht und Dunkelheit.

Das „Ich-Selbst" versucht, die Polarität zu vermeiden. Es liebt das Leben und hasst den Tod. Dieses Selbst ist einseitig, es ist nicht Wahres Selbst. Ist unter dem Gesichtspunkt ein menschliches Leben nur im Frieden denkbar?"

Aber die kleine Welle war immer noch mit der Geschichte mit dem vom Löwen verfolgten Mann beschäftigt. Sie fragte:

„Alter Mann, Du hast die Geschichte mit dem von Löwen verfolgten Mann nicht zu Ende erzählt. Hat sich der Mann retten können?"

„Er hat sich gerettet – er hat sich in der Süße der Erdbeere aufgelöst."

Kleine Welle ungläubig: „Das Essen der Erdbeere hat den Mann gerettet?"

„Ich weiß, dass es viel Zeit braucht, um dies zu verstehen. Verschmelzung, vollständige, gedankenfreie Hingabe, ein Einswerden mit jeder Situation – das ist die Rettung – für jeden von uns. Hier begegnet man dem Absoluten. Hier begegnet man Gott. Solange ein „Ich" existiert, das gerettet werden will, ist Rettung nicht möglich."

Vertrau mir kleine Welle, heute noch wird etwas geschehen und Du wirst verstehen.

Ein verrückter Pastor lacht über den Tod

„Den Tod nicht zu akzeptieren, hieße, nur eine Hälfte Gottes anzuerkennen. Immer gibt es eine bejahende und gleichzeitig verneinende Aktivität als Inhalt des Absoluten. **Ist ein Reden ohne zwischenzeitliches Schweigen denkbar?** Ist eine Bewegung ohne zwischenzeitliche Ruhe denkbar? Ist Licht ohne Schatten und Dunkelheit denkbar? Immer gibt es die entgegengesetzten Pole.

Um die eigene Geburt und den Tod zu verstehen, muss man sich der gleichzeitig ergänzenden und gegensätzlichen Aktivitäten bewusst sein. Die Vorstellung eines ewigen Lebens nach dem Tode ist die Vorstellung eines gierigen und irrationalen Egos, welches die Todesaktivität verleugnet.

Es gibt ein ewiges Leben und ein ewiges Sterben – ewige Vergänglichkeit.

Bei einer Beerdigung hat ein Pastor über den Tod gesprochen. Er hat die Trauergemeinde in seiner Predigt dazu ermuntert, über den Tod zu lachen. Jedem Menschen stünde nach seinem Tod ein ewiges Leben bevor. Es gebe also keinen Grund zu trauern.“

„Aber alter Mann, der Pastor wollte doch die Menschen trösten“.

„Mit einer Lüge kann man nicht trösten. Und die Wahrheit ist, dass die ausdehnende Funktion des

Lebens stets gleichzeitig mit der aufnehmenden, vernichtenden Aktivität des Todes stattfindet.

Das immerwährende Gesetz der permanenten Vergänglichkeit alles Seienden lässt die Vorstellung eines ewigen, individuellen Lebens nicht zu. Und genau betrachtet: wäre ein ewiges Leben überhaupt erstrebenswert?

Ich erinnere mich an einen kleinen Jungen, dem seine Mutter vom ewigen Leben erzählt hat. Für die Mutter vollkommend überraschend und unerwartet musste der kleine Junge daraufhin bitterlich weinen. Er war untröstlich. Vergeblich versuchte die Mutter ihn zu trösten: ewiges Leben wäre doch wunderbar. Aber der kleine Junge hatte es erfasst: „Aber Mama, ein ewiges Leben wäre doch fürchterlich."

Alter Mann: „Kleine Welle, jeder Mensch hat eine innere Instanz, die Unwahrheiten wahrnimmt. Wenn jemand Inhalte als Wahrheit verkündet und es sich lediglich um persönliche Vorstellungen handelt, vielleicht um nur Ausgedachtes, wird die innere Weisheitsinstanz dies wahrnehmen. Was hier geschieht, könnte man eine religiöse Schädigung nennen, denn ein einmal Getäuschter wird sich den vermittelnden Inhalten nicht mehr nähern. Auch dann nicht, wenn wahre Teilaspekte vorhanden sind. So kommt es dazu, dass Wahrheitssuchende Wahrheit für nicht erfahrbar halten.

Es gibt nichts, das nach dem Tod identisch wieder erscheint.

Ewiges Leben entspricht nicht der Natur. Es gibt nichts, was fixiert wäre, alles ist vergänglich. Und doch: es gibt ewiges Leben."

Ist Sterben furchtbar?

„Ich finde sterben furchtbar!" rief die kleine Welle und wollte wieder anfangen zu weinen. „Das ist mir alles zu schwierig. Einmal sagst Du, alles ist vergänglich, andererseits sagst Du, es gibt doch ein ewiges Leben. Das verstehe ich alles nicht. Glaubst Du, Du tröstest mich mit Deinen Worten? Das tust Du nämlich nicht. Ich möchte immer leben. Ich möchte mit dem Tod nichts zu tun haben."

Alter Mann: „Kleine Welle, wenn Du sagst, ich möchte immer leben, ist dies ein Zustand, wo sich Lebens- und Todesaktivität gegenüberstehen. Viele fürchten sich, wenn es um das Sterben geht. Zu dieser Furcht kommt es, wenn das „Ich-Bin-Selbst" fixiert wird. Wenn das „Ich-Bin-Selbst" aufgelöst ist, löst sich die Angst auf. Nur weil Du an Deinem „Ich-Bin-Selbst" bedingungslos festhältst, empfindest Du Sterben furchtbar."

Kleine Welle: „Immer kritisierst Du das „Ich"."

Alter Mann: „ Es ist tragisch, wenn an einem „Ich" festgehalten wird, ein „Ich", das ohnehin eine Illusion ist."

Kleine Welle: „Erklär mir nochmal, warum das „Ich" eine Illusion ist".

Alter Mann: „Das „Ich" besteht aus Deinem Körper, Deinen Empfindungen, Deinen Wahrnehmungen, Deinen Gefühlen, Deinem Bewusstsein. Wie eine

Wolke am Himmel ist dieses „Ich" vergänglich. Deshalb spreche ich davon, dass die fixierte Vorstellung eines „Ich" eine Illusion ist.

Obwohl das „Ich" eine Illusion ist, ist es in der menschlichen Welt ein notwendiger Behelf, um ein funktionierendes Zusammenleben in der Gesellschaft zu ermöglichen. Selbst ein zeitweiliges Fixieren des „Ich", welches auch unvollständiges, inkomplettes Selbst genannt wird, ist unverzichtbar. Beispiel: Wenn ich eine Frau heirate, fixiere ich mich in meinem Dasein als Ehemann. Ein Wechsel zwischen Fixierung und Auflösung findet ständig statt.

Das denkende Selbst ist ein inkomplettes Selbst. Und es gibt Wahres Selbst, hier gibt es kein Denken.

Kleine Welle: „Ist mein Ich nicht Wahres Selbst?"

„Nein, die meisten leben in dieser falschen Vorstellung. Wenn Du, kleine Welle, der Meinung bist, dass Du eine völlig unabhängige Existenz seist, ein von der Welt vollständig getrenntes, fixiertes Subjekt, dann irrst Du Dich. Es gibt keine unabhängigen Selbste."

Vertrau mir kleine Welle, noch heute wird etwas geschehen und Du wirst verstehen.

Wer ist es, der sich im Traum sieht?

Alter Mann: „Alle individuellen Selbste entstehen aus einem Fundament der Einheit. Atmen nicht alle die Luft der Atmosphäre ein? Trinken nicht alle das Wasser der Flüsse? Ernähren sich nicht alle von den Früchten des Feldes? Dennoch halten sich viele für unabhängig, sind es aber offensichtlich nicht."

Kleine Welle: „Alle individuellen Selbste entstehen aus einem Fundament der Einheit? Wie soll ich das verstehen?"

Alter Mann: „ Aus einem Fundament der Einheit mit den objektiven Erscheinungen".

Die kleine Welle ratlos: „Das verstehe ich auch nicht."

Der alte Mann schloss die Augen Wie kann ich der kleinen Welle erläutern, was ich meine? - Nach einigem Nachdenken stellte er die Frage:

„ Kleine Welle, hast Du schon einmal geträumt?"

„Ja sicher."

„ Hast Du schon einmal einen Traum gehabt, in dem Du Dich selbst gesehen hast, wo Du selbst in dem Traum als Person erschienen bist?"

„ Ja, schon des Öfteren".

„Jetzt meine Frage: Wer ist es, der Dich sieht?"

Kleine Welle wiederholte langsam: „Wer es ist, der mich sieht? Wer ist es denn?"

Alter Mann nach sehr langem Schweigen:

„Du siehst im Traum Dein Gesicht, im Traum Deinen Körper – im Traum Dich selber. Wer aber ist es, der Dich sieht?" - Langes Schweigen – „ Denke nicht, dass Du es selber bist.

Der Geist entwirft das Fundament, nämlich den Traum. Du erscheinst im Traum als „Ich-Bin-Person". Du siehst im Traum Objekte, beispielsweise eine Wiese oder ein Zimmer. Diese Objekte stehen Dir im Traum gegenüber. Woher kommst Du im Traum? Woher kommen Zimmer und Wiese? Kommen sie nicht aus einem gemeinsamen Fundament, aus einem gemeinsamen Ursprung, nämlich dem Traum? Verstehst Du jetzt, dass individuelle Selbste aus einem Fundament der Einheit entstehen, dass das „Ich-Bin" und Objekte im Traum, Zimmer und Wiese, ursprünglich eins sind?"

Die kleine Welle sprach den Satz sehr langsam nach, als wollte sie ihn auf der Zunge zergehen lassen: „Das Ich-Bin und die Objekte im Traum, Zimmer und Wiesen, sollen ursprünglich eins sein?"

Alter Mann: „Ja, so ist es.

Im Traum erscheinen Objekte, zum Beispiel Blumen, Bäume. Auch Gefühle können auftreten, negative oder positive. Das ist im realen Leben nicht anders. Das reale Leben ist wie ein Traum voller

Erscheinungen, die angenehm sein können, die aber auch sehr unangenehm und schmerzlich. All das ist besser zu ertragen, wenn Du lernst, Dein reales Leben wie einen Traum zu betrachten. Wie beim Traum ist es auch im realen Leben so, dass alle individuellen Selbste aus einem Fundament der Einheit entstehen.

Wenn man lernt, sein Leben wie einen Traum zu sehen, kann einem das viel Leid ersparen. Das „Ich" erscheint im realen Leben immer zusammen mit den Objekten."

Aufmerksam und ernst hatte die kleine Welle zugehört. Ein Gedanke jagte den nächsten.

Alter Mann: „Gewöhnlich gibt es in unserer Wahrnehmung eine Subjekt-Objekt-Trennung, die verhindert, dass wir den gemeinsamen Ursprung erkennen. Wenn Du eine Blume siehst, sieht Dein „Ich" als Subjekt die Blume als Objekt.

Und es scheint einen Zwischenraum zu geben zwischen dem, was wir für unser individuelles Selbst halten und dem Anderen, hier die Blume. In Wirklichkeit gibt es diesen Zwischenraum nicht. Die individuellen Selbste, zum Beispiel die Blume, die Bäume haben ihren Ursprung im Wahren Selbst."

Kleine Welle: „Ich verstehe das alles nicht recht."

Vertrau mir kleine Welle, heute noch wird etwas geschehen und Du wirst verstehen.

Was ist Wahres Selbst?

„Wahres Selbst....." sagte die kleine Welle nachdenklich. „Sag mir, was ist denn Wahres Selbst?"

„Wahres Selbst ist der Ursprung von allem Existierenden. Wahres Selbst kann man auch Buddha, Gott oder Wahre Liebe nennen."

„Hast Du eben Gott gesagt?"

„Ja, das habe ich gesagt".

Die kleine Welle fragte weiter: „Habe ich Dich richtig verstanden, dass Gott der Ursprung von allem ist?"

„Ja", sagte der alte Mann.

Die kleine Welle zögerte. Dann fragte sie: „Ist Gott auch der Ursprung von mir?"

„Ja", sagte der alte Mann.

„Kann man Gott sehen?"

„Nein, das ist unmöglich."

Der alte Mann lächelte: „ Man kann Gott nur in Erfahrung bringen. Wenn wir Gott erfahren, verschwindet das „Ich-Selbst" und gleichzeitig der als Objekt betrachtete Gott. Ich spreche nicht gerne von Gott, weil sich Viele Gott als menschenähnliche Person außerhalb ihres eigenen Selbstes vorstellen und verbinden mit diesem Gott Eigenschaften, die sich im Begriff des „lieben" Gottes ausdrücken."

Der alte Mann ließ seinen Blick über das Meer schweifen. Er schloss seine Augen und atmete tief ein und aus. Er atmete tief ein, bis ein weiteres Einatmen nicht mehr möglich war und tief aus, bis ein weiteres Ausatmen nicht mehr möglich war. Und wieder atmete er tief ein, bis ein weiteres Einatmen nicht mehr möglich war und tief aus, bis ein weiteres Ausatmen nicht mehr möglich war.

Er öffnete seine Augen. „Kleine Welle, was ist das Wahre Selbst des Meeres, auf dem Du mit Deinen Freunden herumtobst?"

„Ich weiß es nicht. Ich weiß es nicht".

Langes Schweigen.

„Ich weiß es nicht. Sag Du es mir! Was ist das Wahre Selbst des Meeres?"

Nach einigem Zögern sagte der alte Mann: „Wahres Selbst des Meeres ist Wasser. Und jetzt sag mir, kleine Welle, was ist Dein Wahres Selbst?"

„Mein Wahres Selbst?"

Die kleine Welle schaute ratlos in die Ferne, als würde sie die Antwort am Horizont erwarten.

Der alte Mann gab die Antwort: „Dein Wahres Selbst ist auch Wasser ".

Die kleine Welle schaute ungläubig. „Mein Wahres Selbst ist dasselbe Wahre Selbst wie das des Meeres?"

„Ja, so ist es. Ich will Dich jetzt nicht verwirren, kleine Welle, aber das Wahre Selbst des Wassers ist Nicht-Wasser. Wahres Selbst könnte man als schöpferische Null beschreiben. Es ist unmöglich, dies näher zu erklären."

Alles, was Du siehst, ist dein Selbst

Alter Mann: „Wahres Selbst ist der Ursprung von allen Erscheinungen, von Katzen, Hunden, Löwen, Fischen, Ameisen, Gräsern, Bäumen, Steinen, vom Meer, von mir und von Dir, kleine Welle – vom gesamten Universum. Wahres Selbst kann man nicht sehen. Es ist nichts Materielles. Wenn ich davon spreche, um Dir etwas zu vermitteln, bin ich gleichzeitig hilflos, weil ich über etwas spreche, worüber man eigentlich nicht sprechen kann, weil es unbeschreiblich ist.

In Wirklichkeit manifestieren alle Dinge einen anderen Aspekt von dem, was wir selber sind. Es gibt nichts, was von der Wahren Liebe getrennt wäre."

Kleine Welle: „Wirklich nichts? Die Blume, die auf dem Wasser schwimmt, ist mein Selbst? Der Ast, der auf dem Wasser treibt, ist mein Selbst? Das Boot, in dem Du sitzt, ist mein Selbst? Du, alter Mann, bist mein Selbst? Der freche Wellenrowdy, der mich immer ärgert, der soll auch mein Selbst sein? Das kann und will ich nicht glauben."

Alter Mann: „Solange man sich in einem beurteilenden Bewusstsein befindet und einem Gut-Böse-Koordinatensystem untergeordnet bleibt, ist es sehr schwer, zu erkennen, dass „das Andere" in Wirklichkeit ein Aspekt des Selbstes ist, das wir selber sind. Den Baum, die Katze, den Vogel, die

Blume, den Wellenrowdy nehmen wir als von uns getrennte Objekte wahr. Aber wir sehen sie dann nicht wirklich. Wenn wir in die Ich-Auflösung nicht vollkommen eintreten, glauben wir uns von einer Welt umgeben, die vielfach bedrohlich erscheint.

Wenn Menschen sich auf die äußere Welt fixieren und mit der Realisierung ihrer Wünsche beschäftigt sind, was für eine Aktivität ist das? Es ist eine Lebensaktivität und ein Prozess der Ausdehnung. Wenn wir ausschließlich in dieser Aktivität leben, wenden wir uns von dem anderen Aspekt unseres eigenen Wesens ab, dem Prozess der Auflösung, des Sterbens.

Bei jeder wirklichen Hingabe stirbt das „Ich".

Der alte Mann schaute lächelnd zur Blume, die auf dem Wasser schwamm und sagte: „Blume, Du bist mein Selbst". Er schaute zum Himmel und sagte: „Himmel, Du bist mein Selbst." Er schaute liebevoll zum Meer und sagte: „Meer, Du bist mein Selbst". Er schaute zur kleinen Welle und sagte: „Kleine Welle, Du bist mein Selbst. Alles Existierende hat Wahres Selbst als seinen Inhalt."

Der alte Mann schaute in die Sonne und sagte lachend: "Sonne, Du bist mein Selbst. Es ist wunderbar!"

Die kleine Welle seufzte. „Ich verstehe das nicht." Angestrengt dachte sie nach. Vieles ging durch ihr Köpfchen. Zweifelnd: „Alles ist mein Selbst? Die

Sonne ist mein Selbst? Wenn ich das meinen Wellenfreunden erzähle, lachen die mich aus."

„Das ist wieder etwas, das man mit dem Verstand nicht erfassen kann, sondern nur intuitiv. Es kann Jahre dauern, bis sich das Bewusstsein erweitert.

Man kann es üben, immer wieder, immer wieder. Du triffst einen Wellenfreund und denkst: Du bist mein Selbst. Wenn Du eine Blume siehst, sag ihr Blume, Du bist mein Selbst. Wenn Du mich, den alten Mann, siehst, sag Du, alter Mann, bist mein Selbst. So kannst Du üben, die scheinbare Trennung von Subjekt und Objekt zu überwinden."

„Das klingt richtig verrückt."

„Aus der Sicht des denkenden „Ich" scheint es verrückt. Aber: Alles ist mein Selbst - Wahres Selbst, Wahre Liebe kann man nicht sehen, es ist nichts Materielles. Alles Existierende hat Wahres Selbst. Wahre Liebe ist jenseits aller menschlichen Dimensionen."

Kleine Welle: „ Alter Mann, Du sprichst von Wahrer Liebe. Du sprichst von einer nicht-materiellen Welt. Du sprichst von jenseitigen Dimensionen. Glaubst Du, dass Du mir damit bei meiner Todesangst hilfst? Meine Wellenfreunde sterben und ich muss zusehen, wie sie sterben. Glaubst Du, dass Dein mir vermitteltes Wissen über Wahre Liebe mir hilft, meine Ängste zu überwinden? Mir selber ist bewusst, dass ich irgendwann sterben muss. Alter Mann, ich habe Angst."

Langes Schweigen.

Alter Mann: „Kleine Welle, wenn ich Dir sage, dass alles, was Du siehst, Dein Selbst ist, dann gibt es durch diese Hingabe kein Ich, das Angst hat. Bevor man dies nicht in Erfahrung gebracht hat, werden Ängste bestehen bleiben. Worte alleine können nicht zur Erlösung von der Angst führen. Solange man Wahre Liebe nicht in Erfahrung gebracht hat, gibt es Angst.

Vertrau mir kleine Welle. Noch heute wird etwas geschehen und Du wirst verstehen.

Es gibt keinen Gott - aber er ist immer bei Dir

Längeres Schweigen

Kleine Welle: „Gibt es einen Gott?"

„Es gibt keinen Gott, aber er ist immer bei Dir."

Die kleine Welle stöhnt auf. „Wieder ein Satz, den ich nicht verstehe".

Alter Mann: „Fische schwimmen im Meer. Glaubst Du, kleine Welle, dass Fische über das Meer nachdenken? Denken sie darüber nach, dass sie ohne Meer nicht leben könnten? Für sie ist das Meer eine Selbstverständlichkeit, die sie nie hinterfragen würden. Das Meer ist der „Gott" der Fische. So wie die Fische ganz selbstverständlich vom Meer umgeben sind, sind wir von Wahrer Liebe, Gott umgeben. Verstehst Du jetzt, was damit gemeint ist, wenn gesagt wird: es gibt keinen Gott, aber er ist immer bei Dir?"

Die kleine Welle runzelt die Stirn: „Es gibt keinen Gott, aber er ist immer bei Dir? - Wenn Gott immer bei Dir ist, muss es ihn doch geben."

Der alte Mann überlegte eine Zeitlang, dann fand er diese Worte:

„Im Thomas-Evangelium sagt Jesus:

Wenn Eure Führer Euch sagen, seht, das Königreich ist im Himmel, dann werden die Vögel vor Euch dort sein. Wenn sie Euch sagen: es ist im Meer, dann werden die Fische vor Euch dort sein. Vielmehr ist das Königreich in Euch und es ist außerhalb von Euch. Wenn Ihr Euch selbst erkennt, werdet Ihr erkannt und Ihr werdet verstehen, dass Ihr die Kinder des lebendigen Vaters seid. Aber wenn Ihr Euch nicht selbst erkennt, dann lebt Ihr in Armut und Ihr seid die Armut".

Der alte Mann schaute der kleinen Welle in Ihre Äuglein und sagte: „Kleine Welle, hast Du gehört, das Königreich ist in Dir und es ist außerhalb von Dir. Was steht dieser Erkenntnis im Wege?"

Der alte Mann gab selbst die Antwort: „ Ein zum Objekt gemachter, außerhalb des eigenen Seins stehende Gott, den es nicht gibt. Das Absolute, Gott, wäre nicht absolut, wenn es von einem denkenden Ego zu einem zu betrachtenden Objekt gemacht werden könnte.

Ein Weiser fragte einmal seine Schüler: Was ist die schlimmste Sünde?

Was denkst Du, kleine Welle, ist die schlimmste Sünde, die man begehen kann?"

„Die schlimmste Sünde? Ich denke, töten."

Darauf erwiderte der alte Mann: „Die schlimmste Sünde ist, Gott zum Objekt zu machen. Schlimmstenfalls stellt man sich Gott als alten Mann

mit Bart im Himmel vor und ein derartiger „Glaube"
behindert eine wahrhaft spirituelle Entwicklung.
Deshalb das Wort Sünde.

Oft findet man auch eine unbewusste Verbindung
zwischen vermeintlicher Sünde und einem
personifizierten Gott. Im Wahren Selbst gibt es keine
Sünde.

**Solange Du sagst „Gott hilf mir", bist Du
verloren.**

Kleine Welle: „Warum denn das? Es gibt so viele,
die Gott in Notsituationen um Hilfe bitten."

Alter Mann: „Der Grund der Bitte ist ein Ego. Mit
einem Ego kann man Gott nicht in Erfahrung
bringen. Deshalb ist man verloren. Wenn Du mit
Deinem Mund und mit Deiner Stimme Gott um etwas
bittest, bittet er mit Dir und hört Dir zu.

Den Gott, den man um etwas bittet, gibt es nicht.
Auch deshalb ist man verloren.

Das Absolute, Gott, lässt sich in Erfahrung bringen
– nur durch Intuition."

Kleine Welle: „Was ist Intuition? – Ist es ein Gefühl,
ein intensives Empfinden?"

Alter Mann: „Intuition ist ein erweitertes
Bewusstsein, das keinerlei Zweifel mehr beinhaltet."

Kleine Welle: „Wie kann ich zu einer solchen Intuition kommen?"

Alter Mann: „Meditation ist ein Weg. Es ist schwierig. Solange ein Ich-Bewusstsein existiert, welches die Intuition will, wird sie nicht erscheinen."

Vertrau mir kleine Welle, noch heute wird etwas geschehen und Du wirst verstehen.

Wo ist Gott, wenn Du eine Blume siehst?

Bevor die kleine Welle eine weitere Frage stellen konnte, zeigte der alte Mann auf eine Blume, die auf dem Wasser schwamm.

„Wo ist Gott, wenn Du eine Blume siehst?"

Die kleine Welle entgeistert: „Wie bitte?"

Der alte Mann wiederholte die Frage „Wo ist Gott, wenn Du die Blume siehst?" –

„Worauf willst Du hinaus, alter Mann?"

Schweigen.

Der alte Mann schaute liebevoll die Blume an, voller Hingabe, selbstvergessen. Verschmolzen mit der Blume. Die kleine Welle nahm nicht wahr, was ihr der alte Mann beim Anschauen der Blume offenbaren wollte.

„Das Einzige, was mir dazu einfällt, ist, dass die Blume schön ist."

Der alte Mann schmunzelnd: „Wer sagt das?"

„Ja, ja, ich weiß: mein „Ich"."

„Kleine Welle, Du antwortest mit Deinem Denken. Dein Denken bewertet Schönes im Gegensatz zu Nicht-Schönem. Wahres Selbst denkt nicht. Wahres Selbst kann nicht denken. **Es gibt keinen Gott, der denkt**. Deine Antwort zeigt mir: Du siehst die Blume als Objekt - **Du musst zur Blume werden,** nur so kannst Du die Frage beantworten."

Kleine Welle: „Wie würde Wahres Selbst antworten?"

„Wieder stellst Du eine Frage auf der Basis Deines denkenden „Ich bin- Selbst". Wahres Selbst kann nicht antworten. Eine denkende und sprechende Antwort ist immer falsch. Die richtige Antwort kann nur sein, dass Du zur Blume wirst."

Der alte Mann. Liebevoll. Selbstvergessen. – Wo ist der alte Mann? – Wo ist die Blume?

Langes Schweigen.

„In dem Augenblick, wo Du die Blume schön nennst, ist es eine aus dem „Ich" entstehende Wertung. Solange es ein „Ich" gibt, entsteht keine echte Beziehung zur Blume. Wir sind getrennt. Wenn man als Mensch eine andere Funktion manifestiert als die Blume, kann man keine echte Beziehung aufbauen.

Verstehst Du, kleine Welle, dass ständiges Beurteilen in einem denkenden „Ich" wurzelt? - Das steht einer intuitiven Erfahrung vollkommen entgegen. Wer seine Umwelt oder Mitmenschen als schön oder hässlich, dumm oder intelligent, klein oder groß bewertet, unterwirft sich einem in der menschlichen Welt üblichen Koordinatensystem, welches für die Welt hinter den Kulissen keine Gültigkeit hat." Vertrau mir kleine Welle, noch heute wird etwas geschehen und Du wirst verstehen.

Meditation – Erholung für den Geist

Kleine Welle: „Zeigst Du mir den Weg hinter die Kulissen?"

Der alte Mann zögerte eine Weile, dann sagte er

„Ein Weg ist die Meditation. Meditation ist Erholung für den Geist. Die übliche geistige Tätigkeit, das Denken, legt dadurch Pausen ein. Es ist gut für körperliche und seelische Gesundheit, Pausen einzulegen. Wenn Du einen hohen Berg besteigst, musst Du auch Pausen machen, um Dein Ziel zu erreichen.

Kleine Welle, setz Dich ruhig hin. Atme tief ein, bis ein weiteres Einatmen nicht mehr möglich ist! Und atme tief aus, bis ein weiteres Ausatmen nicht mehr möglich ist! Und das wiederholst Du immer und immer wieder! - Tiefes Einatmen und Ausatmen. Es lässt sich nicht vermeiden, dass sich zwischendurch Gedanken aufdrängen, dass angenehme oder unangenehme Gefühle auftauchen. Beobachte, wie sie entstehen, halte nicht daran fest und **lasse Gedanken, Gefühle, Empfindungen vergehen!** Wenn Du vollständig und regelmäßig atmest, erschöpft sich das Denken. Beim Ausatmen atmen wir alles aus, alle Gedanken und alle Gefühle. Gedanken halten uns von der vollkommenen Verwirklichung eines Atemzuges ab. Stimmen, die man hört, oder Vogelgezwitscher stören die Meditation nicht, wenn man intensiv atmet. Alles annehmen, alles loslassen! Tiefes Ein- und Ausatmen bringt den Geist zur Ruhe.

Wenn Gedanken aufkommen, zum Beispiel ich würde jetzt lieber mit meinen Freunden spielen, lass die Gedanken gehen, halte sie nicht fest! Beim richtigen Ein- und Ausatmen braucht man nicht zu denken. Im Nichtdenken findet man Ruhe und Frieden und das Ich-Selbst löst sich zunehmend auf.

Bei der Meditation gelingt es oft erst nach monate- oder jahrelangen Übungen, die Phasen des Nichtdenkes zu trainieren. Nichtdenken ist anfangs oft nur für Bruchteile von Sekunden möglich. Und wenn man dann denkt, schön, jetzt habe ich nicht gedacht, denkt man ja wieder. Es ist ein mühsamer Weg.

Ein- und Ausatmen sind entgegengesetzte Aktivitäten. Sei Dir bewusst, dass die Aktivität des Ursprungs von allem diese gegensätzliche Lebens- und Todesaktivität in sich hat. Es sind die Lebens- und Todesaktivitäten, die gegeneinander gerichtet sind, die Blumen, Steine und alles Existierende hervor und zum Verschwinden bringen. **Aus entgegengesetzten Aktivitäten wird alles geboren, das Universum und die individuellen Existenzen, Steine, Gräser, Bäume, Tieren, Menschen.**

Meist nehmen die Menschen an, dass die Lebensaktivität die Grundlage des eigenen Lebens ist. Und reagieren ungläubig, wenn sie hören, dass der Ursprung jeder Existenz, dass der eigene Ursprung, der Ursprung des Universums, dass jeder Ursprung die gegensätzlichen Aktivitäten von Leben und Tod zu seinem Inhalt hat."

Vertrau mir kleine Welle, noch heute wird etwas geschehen und Du wirst verstehen.

Frei von Denken heißt frei von Ich-Bewusstsein und frei von Ängsten

„Wahre Liebe, die auch Null, Wahres Selbst und Leere genannt wird, kann man meditativ in Erfahrung bringen. Es ist unmöglich, Wahre Liebe, Gott, zum Objekt des Ich- Denkens zu machen.

Das Ich-Bewusstsein ist ein unvollständiges Bewusstsein, ein unvollständiges Selbst. Durch Meditation soll das unvollständige Ich-Bewusstsein lernen, ein vollständiges Selbst zu werden. Ein- und Ausatmen entstehen da, wo kein Bewusstsein ist. Alles Existierende hat Wahres Selbst als seine Schwerkraft. Wenn wir uns von dieser Schwerkraft trennen, brauchen wir eine andere und das ist das denkende Selbst, das unvollständige Selbst. Hier entstehen Urteile und Bewertungen."

Die kleine Welle atmete tief ein und tief aus. Für ein paar Minuten schien es, dass die Meditation ihr Ruhe gebracht hätte.

Doch schon nach kurzer Zeit wurde sie unruhig und begann herumzuzappeln. Sie protestierte:

„ Ich werde durch dieses Atmen nicht ruhig, sondern ganz im Gegenteil unruhig. Ich dachte, man soll durch Meditation zur Ruhe kommen."

„Kleine Welle, bei der Meditation begegnet man vielleicht zum ersten Mal in seinem Leben der Stille, einem „Nichts". Das kann große Angst machen. Hier können Gedanken und Gefühle aufkommen, die für Unruhe sorgen. Du wirst die Erfahrung machen, dass bevor unangenehme Gefühle aufkommen, belastende Gedanken erscheinen. Wenn Du die Gedanken ziehen lässt, wird die Unruhe nachlassen."

Die kleine Welle begann zu zweifeln.

„ Warum soll man sich bemühen, Wahres Selbst in Erfahrung zu bringen?"

„Wenn ein Mensch in innerem Frieden lebt, besteht die Notwendigkeit nicht. Aber Du, kleine Welle, hast Kummer mit der Vergänglichkeit. Und Du hast Angst vor dem Tod. Und je mehr Du von Gedanken gequält wirst, je weiter Du Dich vom inneren Frieden entfernst, desto drängender besteht die Notwendigkeit, Erlösung zu finden. Wirkliche Befreiung, wirkliche Erlösung erlangt man in der Begegnung mit der Wahren Liebe.

Die Erfahrung Wahrer Selbstes, das in Erfahrung bringen Wahrer Lieben offenbart höchste Weisheit, tiefsten Frieden, absolute Glückseligkeit und Freiheit von Ängsten. So wie es der innewohnende Sinn der Blume ist zu blühen und ihre Blüte der Sonne entgegenzustrecken, so ist es der innewohnende Sinn von Menschen, Wahres Selbst in Erfahrung zu bringen. Diese Erfahrung heilt jede Angst, auch die Todesangst.

Die Blume blüht ohne Ego. Sie denkt nicht. Sie ist immer im Wahren Selbst so wie alle Tiere und Pflanzen.

Indem man bei der Atem-Meditation Gedanken ziehen lässt, schmilzt das „Ich". Der Kampf gegen Gedanken ist auch immer ein Kampf gegen das Ich-Bewusstsein."

Kleine Welle nachdenklich: „Selbstverständlich habe ich ein „Ich" und ein Ich-Bewusstsein. - Verstehe ich Dich richtig, dass Du jegliches „Ich" ablehnst? - Wenn doch alles seinen Ursprung im Wahren Selbst hat, hat das „Ich" dann nicht auch seinen Ursprung im Wahren Selbst?"

Der alte Mann staunte über die klugen Gedanken der kleinen Welle: „Es ist so, wie Du sagst, alles hat seinen Ursprung im Wahren Selbst, auch das „Ich". Im täglichen Leben braucht man ein „Ich". Wenn ich den Eindruck erweckt haben sollte, dass das „Ich" etwas Unnötiges, gar Böses sei, wäre das ein Fehler. Es ist das „Ich", das durch Meditation reifen will. Es ist das „Ich", das Ängste loswerden will. Es ist das „Ich", das die Angst vor dem Tod überwinden möchte. Es ist das „Ich", das für den Lebensunterhalt sorgen muss. Es ist das „Ich", das Wahre Liebe sucht. Bedenklich ist eine Fixierung im „Ich".

Als ich als junger Mann am Beginn meines spirituellen Weges im Kloster war, fragte ich den Meister: Wer hat mich hierher gebracht? Das Wahre

Selbst oder das inkomplette Ich-Selbst? Kleine Welle, was hättest Du geantwortet?

Schweigen.

Die Antwort des Meisters: natürlich Dein Ich-Selbst. Dein „Ich" hat Dich ins Kloster gebracht. Und lächelnd: **da kannst Du mal sehen, wozu das „Ich" alles gut ist.**

Ins Kloster gebracht hat mich mein Ego, welches ich nun paradoxerweise durch Meditation loswerden sollte. Für jeden, der meditiert, ist es ein riesiges Problem:

Wenn ich denke, „ich will nicht denken", denke ich.

Bei der Meditation erzeugt denkendes „Ich" Unruhe. Ich habe damals versucht, meine aufkommenden Gedanken in eine Wolke zu stecken und die Wolke ziehen zu lassen. – Habe ich dabei nicht auch schon wieder gedacht? Völlig unterdrücken lässt sich das Aufkommen von Gedanken nicht. Man muss es üben: Gedanken kommen und vor allem gehen zu lassen.

Für den Weg, den ich beschreibe, braucht man große Geduld. Immer, wenn man keine Geduld hat, sucht man sich den leichtesten Weg. Ohne einen willensstarken Kampf gegen das Ego ist eine Reifung unmöglich. Ein fixiertes Ego ist der innere Feind.

Obwohl das Paradies direkt vor einem liegt, bedarf es größter Anstrengung und Entschlossenheit, insbesondere geduldige Meditation, um das Paradies in Erfahrung zu bringen."

Vertrau mir kleine Welle, noch heute wird etwas geschehen und Du wirst verstehen.

Es gibt keine individuellen Selbste

Viele leben in der Annahme, ein individuelles Selbst zu haben. In Wahrheit hat niemand ein individuelles Selbst. Auch ich habe für lange Zeit das eigene, individuelle Selbst für eine Tatsache gehalten. Die Aussage, dass ein individuelles Selbst eine Illusion sei, habe ich fassungslos zur Kenntnis genommen. Es gibt offensichtlich die unterschiedlichsten Individuen und in ihrer Essenz sollen alle gleich sein?

Kleine Welle: „Ich finde auch, dass das Individuelle offensichtlich ist. Die Behauptung, dass niemand im Kern ein individuelles Selbst haben soll, finde ich unglaublich.“

„Und doch ist es so. In der materiellen Welt ist eine Ameise natürlich eine Ameise, ein Vogel ein Vogel, ein Fuchs ein Fuchs, eine Pflanze eine Pflanze.

Im vollkommenen Nullzustand ist die Ameise nicht mehr Ameise, sondern Null, ist der Vogel nicht mehr Vogel, sondern Null, ist eine Pflanze nicht mehr Pflanze, sondern Null. Hier gibt es keine individuellen Selbste.

Die kleine Welle stöhnte laut auf. „Die Ameise ist null, der Vogel ist null, die Pflanze ist null?“

Alter Mann: „Dein denkendes Selbst sieht die Ameise, den Vogel, die Pflanze als Objekt. Das heißt, dass Du im denkenden Ich fixiert bist.

Durch tiefes, selbstvergessenes Atmen in der Meditation kann oft erst nach langer Zeit der Übung das Bewusstsein reifen, das über unterscheidendes Bewusstsein hinaus reicht. Dann weiß man, dass es keine individuellen Selbste gibt.

Nicht selten erscheinen in diesem Augenblick „Besserwisser", die auf dem Boden eigenen Unverständnisses und der Begrenztheit eigenen Bewusstseins mit „gesundem Menschenverstand" Wahrheit für eine Lüge halten und Wahrheitssuchende irreleiten. Kleine Welle, meide diese Menschen!

Im Gegensatz zum individuellen Selbst, dem Ego-Selbst, hat das ursprüngliche Selbst, Gott, kein Gefühl von Identität, keine Begrenzung, kein Wollen, kein Denken. Das ursprüngliche Selbst hat aber die Fähigkeit, ein individuelles Selbst hervorzubringen.

Uns wird gesagt, dass wir das wegwerfen sollen, was wir in unserem Ich-Bewusstsein für unsere eigene Individualität halten."

Kleine Welle: " Mein Bewusstsein ist, dass ich die kleine Welle bin. Ich habe Angst vor dem Tod, ich möchte immer leben, ich möchte nicht geärgert werden, ich möchte mit meinen Freunden spielen und natürlich unterscheide ich mich von anderen Wellen, also bin ich ein Individuum. Das ist mein „Ich". Was stimmt daran nicht? Ich glaube an meine Individualität."

Der alte Mann wiederholte: „Das Ich-Bewusstsein hat Wahres Selbst zu seiner Grundlage. Wenn man Wahres Selbst in Erfahrung bringen will, muss sich das Ich-Bewusstsein auflösen."

„ Wohin soll ich das Ich-Bewusstsein denn werfen?"

„Kleine Welle, **kann man auf dem Trockenen schwimmen lernen?**"

Kleine Welle: „Was für eine Frage! Natürlich nicht. Aber Du gehst nicht auf meine Frage ein."

„Genauso wie man, um schwimmen zu lernen, ins Wasser geht, hilft die Meditation, die Erfahrung zu machen, dass sich mit dem Ziehenlassen der Gedanken das Ich-Bewusstsein auflöst. Durch das Aufgeben des Ich-fixierten Bewusstseins betritt man den Bereich der Wahren Liebe.

Vertrau mir kleine Welle, noch heute wird etwas geschehen und Du wirst verstehen.

Ohne Selbstvergessenheit keine Liebe

Alter Mann: „Um Wahres Selbst in Erfahrung zu bringen, ist ein Weg die Meditation. Es gibt einen weiteren Weg, das wegzuwerfen, was wir in unserem Ich-Bewusstsein für unsere eigene Individualität halten. Man muss zuzulassen, dass diese Auflösung in unseren Beziehungen geschieht, in unseren Beziehungen zu Kindern, Partnern, Tieren, Pflanzen und allem anderen. Selbstvergessene Hingabe ist Ausdruck Wahrer Liebe, Ausdruck des Wahren Selbstes. Siehst Du jetzt, wohin man sein Ego werfen kann, kleine Welle? Mit selbstvergessener Hingabe ist nicht nur die liebevolle Arbeit einer Altenpflegerin oder Krankenschwester gemeint, sondern jegliche Tätigkeit, die mit Selbstvergessenheit und Hingabe erfolgt, zum Beispiel die Tätigkeit eines Handwerkers, einer Floristin, einer Sekretärin, eines Künstlers.

Wahre Liebe tritt nur dann in Erscheinung, wenn das „Ich-Bin-Selbst" aufgelöst ist.

Kleine Welle, schau Dir diese Szene an: Ein Liebespaar nimmt am Bahnhof Abschied. Und nun müssen sie sich trennen. Sie küssen sich. Was meinst Du, kleine Welle, denken die beiden während der Umarmung, denken die beiden während des Küssens oder denken sie nicht?"

" Ich glaube, sie denken nicht."

Alter Mann: „Siehst Du, kleine Welle, das ist mit Selbstauflösung gemeint. Während des Umarmens gibt es kein Denken. Liebe ohne Selbstvergessenheit ist keine Liebe. Wenn Du beim Umarmen und Küssen denkst, bist Du keine gute Liebhaberin. Wenn Du dabei denkst: oh mein Geliebter hat sich die Zähne nicht geputzt, er riecht aus dem Mund oder er riecht nach Schweiß, egal was Du denkst, es ist keine Wahre Liebe."

" Wenn es so ist, wie Du sagst, alter Mann, dann ist die Wahre Liebe oder Gott auch beim Küssen dabei?"

Der alte Mann lächelnd:" Du beginnst zu verstehen".

„Es wäre schön, wenn man in dem Zustand der Wahren Liebe immer bleiben könnte."

„Wahre Liebe lässt sich nicht festhalten. Das Liebespaar am Bahnhof trennt sich aus der Einheit, wenn der Zug kommt. Auch der Zustand der Wahren Liebe ist nicht ewig. Immer wieder: Einheit – Trennung, Einheit – Trennung. Wahre Liebe ist, wenn man sich selbstvergessen und hingebungsvoll umarmt oder küsst oder wenn man eine Blume wirklich sieht oder eine Erdbeere isst, wenn man das Ich-Bin-Selbst-Bewusstsein verlassen hat. Über Wahre Liebe ist deshalb so schwer zu sprechen, weil sie wie gesagt nicht zum Objekt intellektueller Betrachtung gemacht werden kann. Das „Ich" hat sich in der Umarmung, im Kuss, in der Erdbeere aufgelöst."

„Ich bekomme Angst bei dem Gedanken, mein „Ich" aufzulösen."

Alter Mann: „Die meisten Menschen bekommen Angst, wenn ihnen gesagt wird, dass sie jeden Gedanken einer individuellen Identität vernichten sollen. Aber es gibt dabei nichts zu fürchten. **Wenn wir unsere Subjektivität aufgeben, dann manifestieren wir uns nur, wie wir wirklich sind.** Nur wenn Du Dich mit dem Ich-Bewusstsein als Deinem Selbst identifizierst, entsteht Angst vor dem Tod.

Das Ich-Selbst entsteht aus dem Fundament Wahrer Liebe. Wenn der Schwerpunkt allerdings ausschließlich im Ego-Selbst gelebt wird, führt das zu Egoismus, Gier, Neid und Hass. Im religiösen Tibet werden Gier, Hass und Unwissenheit als Geistesplagen angesehen. Der eigentliche Grund für die Geistesplagen sei Unwissenheit."

Vertrau mir kleine Welle, noch heute wird etwas geschehen und Du wirst verstehen.

.

Unwissenheit

Kleine Welle: „Unwissenheit ist der Grund für die Entstehung von Gier und Hass? – Das verstehe ich nicht. Könntest Du mir das erklären, alter Mann?"

„Das habe auch ich lange Zeit nicht verstehen können. Was ist es, was ich nicht weiß? Welches Nichtwissen ist der Grund für die Geistesplagen? Was ist mit Unwissenheit gemeint?

Die meisten Menschen leben in der Vorstellung eines völlig unabhängigen persönlichen „Ich". Das ist eine Illusion. Wir sind von dem Wasser, dem Boden, der Luft abhängig, von einer Mutter, die uns ihre Milch gibt und für uns sorgt, von einem funktionierenden Gesellschaftssystem, das uns schützt.

Es ist die Identifikation mit diesem illusionären „Ich", die dazu führt, dass die Menschen gierig sind. Ihr „Ich" bildet ihren absoluten Schwerpunkt. Es geht ihnen darum, ihr „Ich" zu befriedigen und sie gieren nach Besitz, nach Schönheit, nach ewiger Gesundheit, nach ewigem leidfreien Leben. Starke Gier kann dazu führen, dass sie Mitmenschen hassen, denen es vermeintlich besser geht."

Kleine Welle: „Was können denn die Menschen dafür, wenn ihr „Ich" ihren Schwerpunkt bildet? Sind sie selber schuld daran?"

„Nein. Ich denke nicht in Schuldkategorien. Du weißt, dass sich auch das „Ich" auf dem Boden Wahren Selbstes entwickelt. Das Problem liegt in einer Fixierung eines „Ichs". Aber auch das geschieht von den Betreffenden schuldlos.

Verstehst Du jetzt, kleine Welle, warum Unwissenheit die Ursache der Geistesplagen ist? Wenn die Menschen wüssten, dass die Vorstellung eines fixierten „Ich" eine Illusion ist, dass sie von „anderen" keinesfalls getrennt sind, dass sie eins mit allem sind, eins auch mit anderen Menschen, würden Gier und Hass nicht aufkommen."

Vertrau mir kleine Welle, noch heute wird etwas geschehen und Du wirst verstehen.

Die Welt der Worte hinter sich lassen

Alter Mann: „Das „Ich" sieht eine Blume und sagt: Die Blume riecht gut, sie hat eine schöne Farbe. Wer sagt das? - Das inkomplette Selbst, das Ich-Selbst, das sich in dem Moment vom Wahren Selbst getrennt hat: Hier bin ich und da ist die Blume. Das ist keine echte Beziehung. Die Blume und „Ich" sind getrennt. Das „Ich", das inkomplette Selbst, sieht die Blume als Objekt.

Was für eine Aktivität hat die Blume? Was für eine Funktion manifestiert die Blume? Eine Blume manifestiert die Blumenfunktion. Wenn Du als Mensch eine andere Aktivität manifestierst als die Blume, kannst Du keine echte Beziehung aufbauen. **Die Aktivität der Blume ist der eigene Wohnort.** Aktivität der Blume heißt: die Blume ist genauso wenig fixiert wie der Betrachter. Alles fließt. Der Betrachter „fließt", die Blume „fließt" und in diesem Sinne manifestiert der Betrachter die Aktivität der Blume. Du musst die gleiche Aktivität wie die Blume haben, dann kannst Du verstehen. Wenn Du die Blume wirklich manifestierst, gibt es kein denkendes Selbst. Wenn Du eine wirkliche Beziehung zur Blume herstellst, muss die Trennung durchbrochen werden. Wenn Du eine Blume siehst, schon ist sie zu Deinem Inhalt geworden und schon bist Du das, was nicht Du bist. Auch die Blume ist zu etwas geworden, was sie vorher nicht gewesen ist.

Wo bist Du jetzt? Wo ist die Blume? In diesem Augenblick einer wirklichen Beziehung ist die Blume verschwunden und Du bist auch verschwunden. Dann hast Du die Welt der Worte hinter Dir gelassen. Zustand der Einheit. Dieser Zustand lässt sich nicht fixieren. Auch dieser Zustand wird wieder durchbrochen und es entsteht ein Ich, das die Blume als Objekt sieht. Es ist der Wechsel zwischen Einheit und Trennung, welcher geschieht.

Solange es noch eine Unterscheidung gibt zwischen etwas, das sieht und etwas, das gesehen wird, gibt es keine Manifestation Wahrer Liebe, es gibt hier keine Einheit.

Das Ich-Selbst muss sich vollständig auflösen. Ich werde zur Blume, ich werde zu Wasser, ich werde zum Baum, ich werde zur Sonne, ich werde zum Mond, ich werde zu Dir, alter Mann.

Durch das Knüpfen einer wahrhaften Verbindung wird das vollkommene Selbst manifestiert. Nach Durchbrechen der Trennung werde ich die Welt der Blume und die Blumenwelt wird zu meiner Welt. In dem Augenblick, wo Du die Blume wirklich siehst, mit ihr verschmilzt, manifestierst Du die eine gemeinsame Natur mit der Blume – die Wahrheit an sich. Nullzustand. Leere. Hier wohnt der Wahre Gott.

Wenn man jemanden sieht, der auf einen schaut, realisiert man, dass diese Person in mir verweilt.

Wenn man daran festhält, ein Mensch zu sein, kann Wahre Liebe nicht erscheinen.

Man kann den Nullzustand nicht fixieren.

Vertrau mir kleine Welle, noch heute wird etwas geschehen und Du wirst verstehen.

Der Zustand des Ursprungs - ohne Willen und ohne Verlangen

Der Zustand des Ursprungs wird auf vielfältige Weise beschrieben: das Absolute, die Aktivität von Null, die Leere, die alles formende Aktivität der Unbeständigkeit, Wahres Selbst, vollkommenes Bewusstsein, Wahre Liebe. Es sind Versuche, den Bereich jenseits von Sein und Bewusstsein auszudrücken. Wenn in diesem Zusammenhang nach einem „Gott" gefragt wird, könnte man antworten: Gott ist die Aktivität, welche die Leere vollzieht – Leere ist ebenso wie Null und Wahres Selbst nichts Totes, nichts Unbewegliches, sondern Aktivität. Niemand kann den Ursprung, Wahre Liebe sehen und der Ursprung sieht selbst auch nicht. Der Zustand des Ursprungs handelt ohne Willen. **Gott will nichts.** Wenn das Wahre Selbst nicht in Erfahrung gebracht werden kann, dann oft deshalb, weil nicht zugelassen wird, ein Bewusstsein über das unterscheidende Ich-Bewusstsein hinaus reifen zu lassen.

„Bist Du bereit, Dein Bewusstsein zu erweitern, kleine Welle? Bist Du bereit, in Erwägung zu ziehen, dass der Ast auf dem Wasser, die Blume, das Boot, in dem ich sitze, ich selbst, die Sonne, Mond und Sterne, all dies Dein Selbst sind? Ich vermute, Du wirst erst mal schlucken. Egal, welche Verbindung Du eingehst, ob zu einem Stein, zu einer Blume, zu einem Tier, zu einem Menschen, durch das Knüpfen einer wirklichen Verbindung wird das vollständige Selbst manifestiert, wo Subjekt und Objekt eins sind.

Immer, immer, immer entsteht ein neuer Ursprung, der alles hervorbringt: Steine, Blumen, Menschen. Im Zustand des Ursprungs ist das „Ich" noch nicht geboren. Der Ursprung ist immer jetzt. Die grundlegende Aktivität bringt Materie zur Erscheinung und zum Verschwinden.

Die Außenwelt, die Schöpfung, ist das Resultat der Lebensaktivität, die Innenwelt das Resultat der Todesaktivität.

Die Aktivität der Leere ist eine gestaltlose, nicht-materielle Aktivität, die die materielle Welt hervorbringt. Materie ist in keiner Weise eine fixierte Sache, die Welt der Leere ebenfalls nicht. Die Leere wird sich als nächstes als materielle Welt manifestieren. Es gibt nicht ein Ding, das fixiert wäre.

Auf Gedanken basierte Erkenntnisse, Philosophien, Ideologien für feststehende „Wahrheiten" zu halten, weist auf ein fixiertes Ego hin und nicht auf die „Wahrheit". In diesem Sinne neigen Betreffende dazu, „religiöse" Dogmen und Ideologien als unerschütterliche Wahrheiten zu verkünden. Sie weigern sich, das Fließen und das Sich-Verändern von Gedanken zu akzeptieren und behindern durch ihre Fixierungen Entwicklungen – eine Ursache für Kriege.

Der frühere Präsident eines großen Landes sagte sinngemäß, dass auch wenn er von einer Sache absolut überzeugt sei, er grundsätzlich einen eigenen Irrtum für möglich hält. Dies aus Respekt vor der heiligen Natur eines jeden Menschen. Anderenfalls würde man sich gegenseitig nur niederschreien. Der Präsident hat verstanden, dass es keine absoluten Wahrheiten gibt.

Oft wird nicht begriffen, dass alles Existierende gegensätzliche Aktivitäten von Leben und Tod beinhaltet. Das gilt selbstverständlich für alle Lebewesen, für Menschen, Tiere, Pflanzen und auch für Steine.

Ich wiederhole: Der Ursprung beinhaltet zwei entgegengesetzte, sich ergänzende Aktivitäten, die immer gleichzeitig handeln: Vereinigung und Trennung, ausdehnende Lebensaktivität und zusammenziehende Todesaktivität."

Kleine Welle: „Habe auch ich Lebens- und Todesaktivität zu meinem Inhalt?"

Alter Mann: „Wenn alles Existierende diese gegensätzlichen Aktivitäten beinhaltet, hast Du sie natürlich auch.

Derartige Polaritäten findet man überall, zum Beispiel Mann und Frau stehen sich gegenüber. Ein Mann kann nur deshalb seine männliche Aktivität ausführen, weil es eine weibliche Aktivität gibt, die sie aufnimmt. Entgegengesetzte Aktivitäten bestehen, zum Beispiel: Reden – Schweigen.

Bewegung – Ruhe. Umarmen – umarmt werden. Der, der die Blume sieht, kann sie nur deshalb sehen, weil das Gesehene, die Blume, das Sehen bestätigt. Wenn man keinen „Partner" hätte, der das Sehen bestätigt, könnte man nicht sehen. Oder **könntest Du einen Hund sehen, wenn er nicht da wäre?** Um ein Gebender zu sein, muss ein Empfangender existieren. Wenn ich jemandem ein Geschenk geben möchte, braucht es jemanden, der es entgegennimmt.

Wenn wir kein klares Empfinden dafür kriegen, dass es zwei entgegensetzte Aktivitäten gibt, die handeln, dann können wir unsere eigene Wahre Natur und die Wahre Natur der Welt nicht erfahren. Es gibt eine Welt, die alles aufnehmen kann. Gäbe es diese Welt nicht, könntest Du niemals verschwinden. Diese Welt ist die Welt des Todes. Leben und Tod werden eins werden und Null manifestieren. Der Tod empfängt das Leben wie eine Liebende die Umarmung ihres Geliebten."

Die Aktivität des Ursprungs, die Aktivität der Leere, produziert alles ohne Willen und Verlangen und bringt alles zum Verschwinden.

Kleine Welle, hörst Du mir überhaupt zu? Hast Du mir richtig zugehört? Hast Du verstanden, dass das Leben nicht durch eine bloße Lebensaktivität entsteht, sondern durch das gleichzeitige Zusammenwirken der gegensätzlichen Lebens- und Todesaktivitäten?

Der alte Mann hatte Richtiges gespürt. Die kleine Welle hatte seinen letzten Worten nicht richtig zugehört. Was sie beschäftigte: Hatte der alte Mann tatsächlich den Tod als Liebenden beschrieben, der seine Geliebte, das Leben, umarmt?

Vertrau mir kleine Welle, noch heute wird etwas geschehen und Du wirst verstehen.

Was immer Du siehst, es zieht Dich zu sich

Lange grübelte die kleine Welle über das nach, was der alte Mann gesagt hatte.

Schließlich sagte sie: „Alter Mann, Du sprichst davon, dass ständig eine Polarität besteht, die Du als entgegengesetzte, sich ergänzende Aktivitäten beschreibst, die gleichzeitig handeln. Eine ausdehnende Aktivität und eine sich zusammenziehende Aktivität. Ich betrachte mein tägliches Leben und sehe Gras, Bäume, Wasser, Wolken, Himmel, Blumen, Boote. Ich sehe viele Objekte. Wo ist in meinem täglichen Leben die Ausdehnungsaktivität, wenn ich diese Objekte sehe? Und wo ist die sich zusammenziehende, die Du als gleichzeitig stattfindende Aktivität beschreibst?"

Alter Mann: „Die ausdehnende Aktivität könnte man auch aus Plus-Aktivität beschreiben und die sich zusammenziehende Aktivität als Minus-Aktivität. Kleine Welle, Du musst die Weisheit entwickeln zu erkennen, dass was auch immer Du siehst, es Dich zu sich zieht. Wenn Du eine Blume siehst, zieht die Blume Dich zu sich. Dies geschieht immer, dies geschieht immer, egal, ob Dir dies bewusst ist oder nicht. Ich schaue zu Dir, kleine Welle, und Du zu mir. Jetzt haben wir eine Beziehung, eine Verbindung hergestellt. Eine spirituelle Beziehung. Ohne uns zu berühren begegnen wir uns. Was geschieht dabei?

Der Raum zwischen uns löst sich auf. Wir werden eins.

Wohin ist der Raum verschwunden? Du und ich haben in dem Moment gleichzeitig den absoluten Raum in Erfahrung gebracht. Der inkomplette Raum ist verschwunden. Das ist die Offenbarung Wahrer Liebe. Der Zustand Wahrer Liebe kann nicht bestehen bleiben und löst sich wieder auf. Wenn Subjekt und Objekt sich trennen, entsteht das Ich."

Kleine Welle: „Wahre Liebe löst sich auf?"

Alter Mann: „Erinnere Dich an den Reiter. Er ist zum Beispiel beim Galoppieren mit dem Pferd eins geworden. Er denkt nicht. Zustand der Wahren Liebe. Er sieht vor sich ein Hindernis und denkt – und mit dem Denken entsteht jetzt genau sein Ich - : Das Hindernis vor uns ist für das Pferd zu schwierig. Jetzt sind wieder Subjekt, der Reiter, und Objekt, Pferd und Hindernis, in Erscheinung getreten.

Dieser Wechsel von Wahrer Liebe und Auflösung von Wahrer Liebe mit Entstehung von Subjekt und Objekt geschieht permanent. Auch dann, wenn wir uns dessen nicht bewusst sind.

Du hast Augen, kleine Welle, und mit Deinen Augen siehst Du die Objekte um Dich. Wo bist Du in dieser Situation? Wenn Du die Objekte siehst, zum Beispiel eine Blume, manifestierst Du die sich ausdehnende Aktivität. Und die Blume, die Dein Ich sieht, ist Dein Partner in dieser Aktivität. Die Blume übt zur gleichen Zeit die sich zusammenziehende, anziehende Aktivität aus. Diese Art von Beziehung wird hergestellt, wenn Du Objekte siehst. Plus- und Minusaktivität stehen sich gegenüber. Plus dehnt sich aus, Minus zieht sich zusammen. Man kann hier nicht fixieren. Ausdehnung dehnt sich aus und Zusammenziehen zieht sich zusammen und zwar zu genau der gleichen Zeit. Ausdehnung von Dir als Subjekt und Zusammenziehen der Blume als Objekt kommen einander näher. Die gebende und empfangende Aktivität kommen einander immer näher, bis sie schließlich eins werden. Wenn Du, kleine Welle, eine Blume siehst, stellst Du eine Beziehung zu der Blume her. Die absolute Einheit ist der Augenblick Wahrer Liebe.

Vertrau mir kleine Welle, noch heute wird etwas geschohen und Du wirst verstehen.

Wie wirst Du frei davon, wie ein Hund herumzulaufen?

Spirituelle Meister geben ihren Schülern Aufgaben, die zunächst verrückt erscheinen. Es sind Aufgaben, die jenseits des Denkens gelöst werden müssen. Denken hindert sogar daran, eine Lösung zu finden. Um die spirituelle Aufgabe zu lösen, ist ein Sprung auf eine andere Ebene des Begreifens nötig, eine Ebene, wo das logische Denken transzendiert wird. Durch die Aufgabe sollen Fesseln gesprengt werden, um intuitiv Wirklichkeit zu erfahren. Für einen Anfänger hören sich viele Dinge seltsam an.

Wieder wendet sich der alte Mann der kleinen Welle zu und fragt: „Wie lässt Gott eine Blume wachsen?"

Die kleine Welle schaut den alten Mann verwundert an und überlegt. Nach längerem Nachdenken glaubt sie eine Lösung gefunden zu haben und sagt: „Ich denke, Gott lässt eine Blume wachsen, indem sich aus der Wurzel ein Stängel und eine Blüte entwickeln."

Der alte Mann schüttelt den Kopf.

„Eine gesprochene Antwort ist immer eine falsche Antwort."

Kleine Welle: „Boah nee. Kannst Du mir mal sagen, wie ich ohne zu sprechen antworten soll?"

Der alte Mann lächelte. „Das ist Dein Problem, kleine Welle. Da kann ich Dir nicht helfen."

Kleine Welle: „So lässt Du mich jetzt stehen?"

Alter Mann: „ Mehr Meditation!"

Kleine Welle: „Kannst Du mir nicht eine leichtere Aufgabe geben?"

Alter Mann: „Ich kann Dir eine andere Aufgabe geben. Aber ob die wirklich leichter ist, ist noch die Frage. Meine Aufgabe: Wie wirst Du frei davon, wie ein Hund herumzulaufen?"

Die kleine Welle kringelt sich vor Lachen: „Das soll eine Aufgabe sein? **Bin ich ein Hund? Laufe ich wie ein Hund?"**

„Wer ist es, der die Frage stellt? Wie ich sehe, ist bei meiner Aufgabe Dein denkendes „Ich" sofort angesprungen wie ein Motor. So kannst Du nicht frei davon werden, wie ein Hund herumzulaufen."

Kleine Welle genervt : „Das ist alles zu schwer für mich. Ich will keine Aufgaben mehr gestellt bekommen."

Der alte Mann erklärt weiter geduldig:

„Das „Ich", das man auch inkomplettes Selbst nennt, sieht einen rennenden Hund. Wenn ich wie der Hund renne, stehe ich mit dem Hund auf dem Standpunkt des absoluten Seins. Es kommt zur Einheit. Ich muss dieselbe Funktion und Aktivität manifestieren wie der Hund. Wenn man das tut, manifestiert man

Gott. Solange man denkt, kann das absolute Selbst nicht erscheinen. Ich bin eins mit dem Hund und ich bin getrennt von dem Hund. Einheit und Trennung, Einheit und Trennung. Das wiederholt sich ständig. Nur wenn ich mich selbst vergesse, kann ich eine vollständige Beziehung zu einem rennenden Hund herstellen."

Kleine Welle: „ Was meinst Du mit Einheit und Trennung?"

Alter Mann: „Ein Reiter geht in den Stall, um sein Pferd zu satteln. Ist der Reiter vom Pferd getrennt?"

„Natürlich ist er getrennt."

„Ja, so ist es. Da steht der Reiter und getrennt von ihm steht das Pferd. Jetzt steigt der Reiter auf und galoppiert los. Denkt er dabei?"

„Wahrscheinlich nicht."

Alter Mann: „Jetzt ist der Reiter Eins mit dem Pferd. Sein denkendes „Ich" hat sich in dem Moment aufgelöst. Jetzt, kleine Welle, müsstest Du verstehen, was mit ständigem Wechsel von Gegensatz und Einheit gemeint ist. Das ist es, was geschieht: der ständige Wechsel von Gegensatz und Einheit.

Wenn man wirklich die Blume, den Hund manifestiert, gibt es kein denkendes Selbst. Aber immer, wenn wir vom Wahren Selbst getrennt sind, brauchen wir eine andere Schwerkraft. Das ist das denkende Selbst, das inkomplette Selbst. Niemand soll das denkende Selbst für unnötig halten. Jeder braucht es.

Es gibt viele spirituelle Aufgaben, zum Beispiel: zeige mir den Ton einer Hand.

Zeige mir Dein Gesicht vor Deiner Geburt.

Wie kannst Du ein Segelschiff auf dem Ozean in der Ferne anhalten?

Die Stimme des Teufels.

Zeige mir keinen Bart.

Zeige mir keinen Finger."

Kleine Welle:" All diese unlösbaren, rätselhaften Aufgaben!"

„ Diese Aufgaben sind nur durch Meditation und besser noch mit Hilfe eines Meisters zu lösen. Dennoch halte ich es für richtig, Dir davon zu erzählen. Diese Aufgaben stehen vor Dir wie eine nicht zu durchbrechende Mauer, nicht zu durchbrechen mit Denken und Rationalität. Die Existenz dieser Mauer deutet aber darauf hin, dass es etwas dahinter gibt, eine Wahrheit hinter der Mauer, eine Wahrheit hinter den Kulissen. Manche mögen über diese Aufgaben lachen oder sie für verrückt halten. Verrückt ist nur, sie durch Denken lösen zu wollen. Wie Du weißt, kleine Welle, denkt Wahre Liebe nicht, denkt Wahres Selbst nicht. Gott denkt nicht."

Die Welt hinter den Kulissen zu erfahren, bedeutet unvorstellbare Glückseligkeit.

Die kleine Welle zuckt mit den Schultern.

Vertrau mir kleine Welle, noch heute wird etwas geschehen und Du wirst verstehen.

Der Augenblick, in dem Du einen Ton wahrnimmst

In dem Augenblick, in dem Du einen Ton wahrnimmst, wenn Du Dich vollständig dieser Wahrnehmung hingibst, bist Du im Zustand des Nicht-Denkens.

Diese Hingabe ist die Realisierung des Ultimativen, des äußersten Zustandes der Existenz von allem.

Dieser Ton ist die Stimme der Wahren Liebe, die Stimme Gottes, die Stimme Buddhas.

Kleine Welle: „Der Ton, den ich höre, ist die Stimme Gottes?"

„Vertrau mir kleine Welle, noch heute wird etwas geschehen und Du wirst verstehen."

Gierige Liebe

'"Kleine Welle, sag mal laut Dooooo."

Kleine Welle: „Dooooo."

„Kleine Welle, hast Du in dem Augenblick, als Du Dooooo gesagt hat, an Deinen Wellenfreund gedacht oder an das, was Du heute noch vorhast?"

Kleine Welle: „Ich habe nicht gedacht während des Dooooo."

„Kleine Welle, Du weißt ja, dass man nur im nichtdenkenden Zustand Wahre Liebe in Erfahrung bringen kann. Beim Denken entsteht unterscheidendes, diskriminierendes Bewusstsein. Es gibt Menschen, die zwanghaft denken, die geradezu besetzt sind von einer Gedankenflut. Oft ziehen sie dabei „Schubladen" und beurteilen: groß – klein, schön – hässlich, Gestank – Wohlgeruch, gebildet – ungebildet, arm – reich."

Kleine Welle: „Aber im realen Leben gibt es eben schön und hässlich, arm und reich."

„Es stimmt, die menschliche Welt ist eine Welt voll von Unterscheidungen. Viele Menschen nehmen Bewertungen vor, oft mit der Absicht, sich selbst aufzuwerten. Wenn die Betreffenden ihr persönliches Koordinatensystem zum Maßstab für andere Menschen machen, geschieht das auf dem Boden eines oft überzüchteten Egos und bedeutet eine Entfernung vom Wahren Selbst – Entfernung von Wahrer Liebe.

Kleine Welle: „Wenn eine Frau zu ihrem Mann sagt „Ich liebe Dich" und der Mann sagt :"Ich liebe Dich auch", das ist doch wohl Wahre Liebe, oder nicht?"

Alter Mann: „Es ist Liebe in der menschlichen Welt. Aber in Wahrer Liebe gibt es keine Trennung, es gibt kein „Ich", das jemandem gegenübersteht, kein „Ich", das jemanden als Objekt sieht.

Oft äußert sich in Liebesbeteuerungen die Sehnsucht, geliebt zu werden.

Eine Liebe, die eine Notwendigkeit ist, ist keine Wahre Liebe.

Wenn Du Wahre Liebe manifestierst, bedeutet das Einheit.

Eine Person, die ihre Liebe nicht jedermann geben kann, ist im Selbst fixiert.

Kleine Welle: „Bedeutet Wahre Liebe, dass mein Freund eine Freundin von mir genauso lieben kann wie mich? Da kann ja jeder jeden lieben, dann gäbe es keine festen Beziehungen. Das gefällt mir nicht."

Alter Mann: „Du hast Recht, das menschliche Leben ist ohne Begrenzungen, Regeln und Gesetze nicht möglich. Wahre Liebe offenbart sich jenseits aller Begrenzungen.

Eltern, die glauben, ihr eigenes Kind zu lieben und zu anderen Kindern keine Liebe empfinden können, lieben auch ihr eigenes Kind nicht wahrhaft.

Es bedarf größter Anstrengung, Wahre Liebe in Erfahrung zu bringen."

Vertrau mir kleine Welle, heute noch wird etwas geschehen und Du wirst verstehen.

Den Teufel nicht aussperren!

Kleine Welle: „Alle sprechen vom „lieben" Gott. - Ist Gott lieb?"

Alter Mann: „Als Kind habe ich an einen „lieben" Gott geglaubt. Doch wenn einem Böses widerfährt, fühlt man sich von diesem „lieben" Gott im Stich gelassen. Ich habe die Erfahrung gemacht: auf den „lieben" Gott kann man sich nicht verlassen. Viele Menschen glauben, Gott zu verehren. In Wahrheit verehren sie ihre eigene Vorstellung von Gott. Dieses Denken entlarvt ein Gottesbild, welches Gott mit Angenehmem verbindet, sogar mit einem vermeintlich ewigen Leben nach dem Tod. Diese Menschen frage ich: Wo ist dieser Gott im Krieg, bei der Ermordung von ganzen Völkern, wo ist er bei Hungersnöten, bei Misshandlungen von Kindern, bei schweren Krankheiten? Ist das der Bereich des Teufels, wo Gott nichts zu sagen hat?

Nach einem schrecklichen Flugzeugabsturz mit vielen Toten fragte der Kardinal im Trauergottesdienst vorwurfsvoll: Gott, wo warst Du?

Hier bezeugt der Kardinal einen Gott, den es nicht gibt und unterstellt diesem seinen Gott unterlassene Hilfeleistung. Sein Gott war ja nicht da, als die Verunglückten ihn gebraucht hätten.

In frommen Schriften heißt es: Du sollst kein falsch Zeugnis ablegen. Was glaubst Du, kleine Welle, ist damit gemeint?"

Kleine Welle: „Damit ist gemeint, dass man nicht lügen soll."

„Das sehe ich etwas anders. Kein falsch Zeugnis ablegen heißt: **Du sollst nicht sagen, wie Fisch schmeckt, wenn Du noch nie Fisch gegessen hast.**

Erkennbar legt der Kardinal falsch Zeugnis ab für einen Gott, der sich nach seiner Sicht in der Not vom Acker gemacht und nicht geholfen hat."

Kleine Welle: „Der Kardinal bezeugt doch Gott. Wieso meinst Du, dass er falsch Zeugnis ablegt?"

„Das ist ja gerade das Perfide. Der Kardinal hat ein Bild von Gott, vielleicht der Gott, der alles sieht und der eine menschenähnliche Person darstellt. Für diese seine Vorstellung von Gott legt er Zeugnis ab. Nochmal: für einen Gott, den es nicht gibt.

Wahre Liebe, der Wahre Gott hat die Verunglückten und die Trauernden nie, zu keiner Zeit, jemals verlassen.

Jesus vergleicht im Thomas-Evangelium Gottesleute, die er Pharisäer nennt, mit einem Hund, der sich in den Futtertrog des Ochsen legt. Weder frisst er selbst noch lässt er die Ochsen fressen."

„Was hat der Kardinal mit dem Hund zu tun?"

„Im Futtertrog des Ochsen liegt naturgemäß Futter. Damit ist hier spirituelles „Futter", spirituelle Wahrheit gemeint. Der Kardinal verhindert, dass diese spirituelle Wahrheit von anderen wahrgenommen werden kann. Er hält seine eigenen Vorstellungen für die Wahrheit. Es sind doch nur seine Vorstellungen! Der Kardinal legt hier falsch Zeugnis ab und ist sich dessen möglicherweise nicht bewusst. Mit anderen Worten: Der Kardinal stülpt den Trauernden seine eigene Auffassung von Gott über, ein Gott, der in der Not nicht da ist.

Kleine Welle: „Ist der Kardinal böse?"

„Nein, vermutlich glaubt er seine eigenen Lügen. Auch wenn er subjektiv das Empfinden hat, die Wahrheit zu sagen, so ist es dennoch eine Lüge. Eine Lüge, die sich hinter einer vermeintlichen Wahrheit verbirgt, empfinde ich als großes Übel."

„Also ist der Kardinal nicht böse?"

„Nein, nur unwissend."

Kleine Welle energisch: „ Es gibt doch aber Böses auf der Welt. Der Wellenrowdy, der mich immer ärgert, der ist aber böse."

Alter Mann: „In der menschlichen Welt unterscheidet man Gut und Böse, die Welt hinter den Kulissen kennt diese Unterscheidungen nicht."

Kleine Welle: „Ich möchte aber wissen: Warum gibt es Böses in der Welt?"

Alter Mann:" Wenn man sich von anderen getrennt erlebt und den gemeinsamen Ursprung nicht in Erfahrung gebracht hat, kann etwas entstehen, was Du als Böses bezeichnen würdest, kleine Welle. Gier und Hass – übersteigertes Ego und bewertendes Bewusstsein. Darüber haben wir schon gesprochen."

„Gibt es in Deinem Leben, alter Mann, nicht auch Dinge, die Du magst und Dinge, die Du nicht magst? Menschen, die Du magst und Menschen, die Du nicht magst? Beurteilst Du nicht auch Gut und Böse, angenehm und unangenehm, schön und hässlich? Versuchst Du nicht auch, das Böse zu meiden?"

„In der menschlichen Welt kann man auf Bewertungen oft nicht verzichten. Gott hingegen bewertet nichts. Im Wahren Selbst gibt es nichts, das abzulehnen wäre."

Kleine Welle: „Mir macht das Böse Angst."

„ Auch für mich war das Böse in jungen Jahren ein großes Problem. Wer erschafft das Böse? - Wenn Gott alles erschafft, erschafft er auch das Böse - So wie viele andere Menschen habe auch ich einen personifizierten Gott außerhalb meines Selbstes für Krieg, Vertreibung, Mord, Misshandlung verantwortlich gemacht. Deshalb akzeptierte ich keinen „lieben" Gott.

Die Vorstellung eines Gottes als ein „Gegenüber" im Himmel hat sich bei vielen Menschen festgefressen. Ich habe Menschen getroffen, die für ihr durchgemachtes Leid „Gott im Himmel" verantwortlich gemacht haben.

Das Töchterchen eines Nachbarn war an Leukämie gestorben. Noch jahrelang nach diesem für ihn unerträglichen Trauma drückte der Nachbar seinen Schmerz aus: **Mit Gott habe ich ein Hühnchen zu rupfen."**

Kleine Welle: „Ich kann den Nachbarn gut verstehen."

Alter Mann: „ Es ist furchtbar, wenn eigene Kinder sterben müssen. Ich wünschte dem Nachbarn, dass er Wahre Liebe in Erfahrung bringen könnte."

„Wenn Gott Kinder sterben lässt, ist er doch böse."

„Der gute und der böse Gott leben in derselben Welt.

Wenn Du gegen den bösen Gott kämpfst und nur den lieben Gott verehrst, hast Du einen Teil Deiner Welt ausgesperrt. **Man kann den Teufel nicht aussperren**.

Du stellst Dir offensichtlich Gott wie eine außerhalb Deines eigenen Selbstes befindliche Person mit Heiligenschein vor und kannst nicht begreifen, dass der Ursprung alles beinhaltet. Wahre Liebe hat alles zum Inhalt. Im Ursprung, in der Wahren Liebe, gibt es keine Absicht, kein Wollen, kein Verlangen."

Kleine Welle fassungslos: „Willst Du damit sagen, dass Wahre Liebe auch das Böse zum Inhalt hat? Ist das gemeint?"

Alter Mann: „Im spirituellen Leben, wenn es darum geht, den Ursprung von allem in Erfahrung zu bringen, darf man das Böse nicht ausschließen. Ansonsten wird man zu einer „guten" fixierten Person. Diese Fixierungen von „Gutmenschen" lassen diese oft paradoxerweise böse werden. **Gut und Böse sind menschliche Kategorien. Gott kennt sie nicht.**"

„Aber Du, alter Mann, Du bist doch lieb."

Alter Mann lachend: „Niemand muss ein Heiliger sein, auch ich nicht. Der Ursprung von Gut und Böse ist derselbe. Alles Existierende hat denselben, einzigen Ursprung. Deshalb sind wir alle Brüder."

Kleine Welle: „Ich frage nochmal: Es gibt nur einen einzigen Ursprung? Böse Menschen haben denselben Ursprung wie Heilige? Eine Katze hat denselben Ursprung wie eine Maus? Ein Stock hat denselben Ursprung wie ein Stein? Die Sonne hat denselben Ursprung wie der Mond und die Sterne? Und all dies hat denselben Ursprung wie ich und wie Du, alter Mann, wie das Universum?"

„So ist es".

„Aber, alter Mann, wenn Aliens kommen, kann man sicher nicht sagen, dass die denselben Ursprung haben wie Du und ich. Die kommen doch ganz offensichtlich aus einer anderen Welt."

Der alte Mann musste wieder lachen. „Die Wahrheit ist", dass auch Aliens Gottes Kinder sind, Kinder des Absoluten. Der Ursprung erschafft uns und auch Aliens. Er hat die Fähigkeit, alles entstehen zu lassen, wirklich alles und auch alles wieder aufzulösen, sterben zu lassen."

Kleine Welle trotzig: „Ich fände es trotzdem besser, wenn es den Tod nicht geben würde".

Alter Mann: „Vertrau mir kleine Welle, noch heute wird etwas geschehen und Du wirst verstehen."

Lass uns noch einmal über den Tod sprechen

Alter Mann: „Stell Dir eine Blume vor! Sie wächst aus dem Boden als Ausdruck ihrer Lebenskraft. Sie wird größer und blüht, man könnte sagen, sie dehnt sich aus, bis eine weitere Ausdehnung ihrer Lebensaktivität nicht mehr möglich ist. Bisher war die Lebensaktivität federführend, schließlich übernimmt die Todesaktivität die Führung. Die Blume verwelkt und fällt in den Boden zurück, aus dem sie gekommen ist. Das heißt, die Blume erfüllt jetzt die Todesaktivität. Sie tut das ohne zu denken und ohne diesem Prozess irgendeinen Widerstand entgegenzusetzen. Die Blume hat kein „Ich". Sie denkt nicht: Ich will weiterleben, ich will nicht sterben. Wenn sie so denken würde und sich dem Todesprozess widersetzen würde, dann würde sie leiden. Widerstandslos kommt sie aus dem Unsichtbaren und geht ins Unsichtbare. Wie sollte die Blume ihre Lebensfunktion erfüllen ohne das unausgesprochene Versprechen der Natur, im Boden wieder Ruhe im Nichtsein zu finden? Wie sollte Leben möglich sein, wenn die Lebensaktivität nicht von einer Todesaktivität umarmt würde?

Als junger Mann habe ich es für eine Selbstverständlichkeit gehalten, dass der Ursprung von allem sich durch Lebensaktivität auszeichnet. Ich war überrascht, als mir vom Meister gesagt wurde, dass der Ursprung aus zwei entgegengesetzten, sich gegenüberstehenden Aktivitäten besteht. Aus diesem Ursprung entsteht das ganze Universum. **Alles, was erscheint, entsteht durch die Lebensaktivität, jede Veränderung durch die Todesaktivität.**

Alter Mann: „Hättest Du erwartet, kleine Welle, dass der Zustand des Ursprungs Lebens- und Todesaktivität beinhaltet?"

Kleine Welle: „Ich verstehe nicht, was das heißt, wenn Du sagst, dass die Lebensaktivität von einer Todesaktivität umarmt wird. Ich verstehe nicht, dass Lebens- und Todesaktivität gleichzeitig stattfinden."

„Dass diese Kräfte gleichzeitig wirken, hatte ich Dir an dem Beispiel erklärt, als Du HA sagen solltest. Da sind die zwei unterschiedlichen Aktivitäten, die eine, die das HA hervorbringt und die andere, die das HA zum Verschwinden bringt. Vielleicht verstehst Du es besser, wenn ich es an einem anderen Beispiel verdeutliche.

Stell Dir vor, da ist ein Seil. An diesem Seil wird an beiden Enden gezogen, gezogen mit vollkommen gleicher Kraft. An der einen Seite zieht die Lebensaktivität, an der anderen Seite die Todesaktivität. An dem Beispiel siehst Du, dass die Kräfte gleichzeitig wirken. Was geschieht nun mit dem Seil, an dem an beiden Enden mit gleicher Kraft gezogen wird? Das Seil beginnt, in der Mitte heiß zu werden, fängt Feuer, es entsteht ein Feuerball. Das Seil reißt in der Mitte. Hier entsteht alles

Existierende. Immer, wenn sich ausdehnende Lebensaktivität und kontrahierende Todesaktivität trennen, erscheint eine imperfekte, inkomplette Welt. Das Ich-Selbst wird aus dem Zustand des Gegensatzes geboren. Es ist die materielle Welt, die inkomplette Welt, die bei dieser Trennung in Erscheinung tritt. Dies geschieht fortlaufend.

Alles besteht im Zustand der fortlaufenden Veränderung. Deshalb spreche ich von Aktivitäten, um damit auszudrücken, dass nichts fixiert ist. Jede Veränderung hat zwei Aspekte: bejahende Lebensaktivität und verneinende Todesaktivität. Aus der Wechselwirkung dieser beiden Aktivitäten entsteht alles. Durch dieses voneinander abhängige Verhältnis ist alles gleichzeitig Beides: Wirkung und Ursache.

Wir müssen die Aktivitäten von Leben und Tod umarmen und finden so Frieden."

„Wenn es um die Umarmung des Lebens geht, glaube ich, das zu verstehen. Aber wie soll ich den Tod umarmen?"

„Hast Du Dich jemals länger als 5 Minuten geärgert?"

„Der furchtbare Wellenrowdy hat mich schon lange wütend gemacht."

„Wenn Du negative Gefühle vergehen lässt, sterben lässt, hast Du in diesem Augenblick den Tod umarmt. Jeder, der lebt, macht zu jedem Zeitpunkt auch die Erfahrung des Sterbens, des Gehenlassens. Es braucht Zeit, das alles zu verstehen. Erwarte nicht, alles sofort zu verstehen. Hab Geduld."

Denken ist Dein Feind

Abenddämmerung.

Das lange Gespräch hatte die kleine Welle und den alten Mann ermüdet. So schwiegen sie beide. Nach einiger Zeit unterbrach die kleine Welle die Stille.

„Alter Mann, hast Du Angst vor dem Tod?"

Der alte Mann lächelte. „Nein, da gibt es nichts, das man fürchten müsste."

„Auch dann nicht, wenn man viel gesündigt hat?"

„Im Moment des Todes hören alle Sünden auf, Sünden zu sein."

„Was soll ich denn machen, wenn mich die Angst vor dem Tod überkommt, eine Angst, die einfach furchtbar ist?"

„Angst hast Du, wenn Du denkst. Denken ist Dein Feind. Man kann das Aufkommen von Gedanken nicht verhindern. Man kann allerdings das Loslassen von Gedanken üben. Packe die Gedanken in eine Wolke und lasse sie vorbeiziehen! "

Kleine Welle: „Wenn ich denke, dass ich nicht denken will, denke ich doch."

Alter Mann: „ Du hast Recht. Der Kampf gegen das Denken ist ein kräftezehrender Weg. Ängste lösen sich auf, wenn es gelingt, Gedanken ziehen zu lassen. Meditation hilft."

Kleine Welle: " Und wenn die Angst wiederkommt?"

Alter Mann: „Den Kampf gegen das Denken darfst Du nicht aufgeben. Je mehr Du Dich auf das Atmen konzentrierst und voller Liebe so tief einatmest, wie es möglich ist und ausatmest, bis ein weiteres Ausatmen nicht mehr möglich ist, desto eher wirst Du vom Denken befreit. Gedanken werden Dich weniger quälen."

„Ist das Atmen nicht nur ein Trick, um Ängste zu vermeiden? Bleiben die Ängste in Wahrheit nicht bestehen?"

„Nein, es ist ein Versuch, der Gedankenflut zu entkommen. Denn am Beginn von Ängsten stehen meist Gedanken. Wenn sich ein Reiter auf das Pferd setzt, losgaloppiert und in dem Augenblick mit dem Pferd Eins wird, dann denkt er nicht angsterfüllt, dass er vielleicht vom Pferd fallen könnte. **Immer wechselt ein Zustand des Donkens mit einem Zustand des Nichtdenkens ab.** Die Fixierung der Gedanken ist das Problem. Der Zustand des Nichtdenkens ist der Zustand des Friedens und des Gleichgewichts. Hier liegt der Zugang zur Wahren Liebe. Ich will niemanden zur Abkehr vom Denken verführen, das geht ohnehin nicht. Ich will zu Denkpausen ermutigen. Die gedankenvolle Kopflastigkeit ist so weit verbreitet, dass dieser Zustand vielfach für „normal" gehalten wird.

Es gibt doch tatsächlich Leute, die ihre Mitmenschen auffordern, erst zu denken und dann zu sprechen.

Ganzen Schülergenerationen wurde gesagt: erst denken, dann reden! Ist das nicht verrückt?"

„Wieso, es ist doch normal, erst zu denken und dann zu sprechen"

„Das ist es nicht. **Ich denke meist nicht, bevor ich spreche.**"

„Soll ich Dir das glauben?"

„Ja, das kannst Du mir glauben.

Im täglichen Leben geschehen Denken und Sprechen meist gleichzeitig und nicht nacheinander. Es gibt natürlich Situationen, in denen ich mir überlege, was ich sage. Wenn ich mich aber konsequent zwingen würde, vor jedem Sprechen zuerst zu denken, würde ich ans Stottern kommen. Es würde bedeuten, dass eine kontrollierende innere Instanz mobilisiert wird, die im Vorhinein das zu Sprechende wertet und beurteilt. Dies erzeugt eine innere Spaltung.

Denken ist immer an ein „Ich"-Bin-Selbst geheftet. Denken ist der Feind der Intuition. Wenn einem z.B. bei der Meditation bewusst wird, dass man denkt, weiß man, dass man sich im Ich-Bewusstsein befindet."

Vertrau mir kleine Welle, noch heute wird etwas geschehen und Du wirst verstehen.

Wie man jedem Leid entkommen kann

Kleine Welle: „Ich habe Angst vor Kriegen, Angst, dass man mir wehtut, Angst, dass ich Schmerzen ertragen muss. Das sind meine schlimmsten Ängste."

Alter Mann: „ Habe ich Recht mit der Annahme, dass Du auch Angst vor der Angst hast?"

Kleine Welle: „Ja, so ist es."

Alter Mann: „Wie kann man seelischem und körperlichem Schmerz entkommen? Dazu will ich Dir ein Extrembeispiel, eine wahre Geschichte, erzählen.

Eine Frau wurde von einem Reporter interviewt. Die Frau erzählte, dass sie mit glühenden Eisen gefoltert worden war. Der Reporter fragte: Wie haben Sie das überstanden? Wie haben Sie das ausgehalten? Die Frau sagte: das Fenster stand offen, während ich gefoltert wurde. Ich sah die Zweige eines Baumes, die sich im Wind bewegten. Ich vertiefte mich vollkommen in diese Bewegung, versenkte mich ganz. So konnte ich die Qual ertragen.

Die Frau war mit den Zweigen, die sich bewegten, Eins geworden. Sie hatte ihr „Ich-Bewusstsein" verlassen.

Wie kann man jedem Leid entkommen?

Man kann jedem Leid entkommen durch die Aufgabe des Glaubens an eine Ich-Identität.“

„Wenn man mir lange Schmerzen zufügt, würde ich doch immer wieder denken: hoffentlich hört das bald auf! Ich kann es nicht mehr ertragen.“

„Man kann keinen Zustand fixieren, aber wenn Du das „Ich“ immer wieder gehen lässt, das sich gegen den Schmerz wehrt, tauchen vermehrt die erlösenden Phasen des Nichtdenkens auf.“

Vertrau mir kleine Welle, noch heute wird etwas geschehen und Du wirst verstehen.

Das andere Ufer erreichen

Alter Mann: „Wenn man stirbt, muss man alles loslassen, zum Beispiel seinen Besitz, was noch das Wenigste ist. Man muss den eigenen Körper verlassen und vor allem muss man die Menschen verlassen, die man liebt. Auch ich muss Menschen verlassen, die ich liebe und muss den damit verbundenen Schmerz ertragen. Der Abschied von meinen Kindern und Enkeln fällt mir schwer. Meine Liebe und Fürsorge muss ich loslassen. Auch meine Liebe zu meinen Kindern und Enkeln und Freunden gehört nicht mir. Alle Liebe gehört dem Wahren Selbst. Mein Leben gehört nicht mir, mein Sterben gehört nicht mir, meine Tränen gehören nicht mir, meine Kinder sind nicht mein Besitz. Es gibt nichts, was ich „mein" nennen könnte, absolut nichts."

„Warum sagst Du mir das?"

Langes Schweigen.

„Ich bin heute mit dem Boot aufs Meer hinaus gefahren, um das andere Ufer zu erreichen."

„Das andere Ufer? Welches Ufer meinst Du?"

„Das jenseitige Ufer."

„Das jenseitige Ufer?"

„Ich bin mit dem Boot hinausgefahren, um heute hier zu sterben."

„Was?" rief die kleine Welle erschrocken. „Was sagst Du da? - Ich will nicht, dass Du stirbst, ich hab Dich liebgewonnen, alter Mann. Du darfst nicht sterben, heute nicht!"

„Es gibt keinen Grund, sich zu erschrecken, kleine Welle. Ich weiß, dass ich zu meinem Ursprung zurückkehren muss. Ebenso wie Lachse den Fluss, aus dem sie gekommen sind, stromaufwärts schwimmen, um am Ort ihres Ursprungs zu sterben, so muss ich mich jetzt auch auf den Weg machen. Ich kehre zur Wahren Liebe zurück. So wie sich eine Blume nicht gegen ihr Verwelken wehrt, so wehre ich mich nicht gegen den Tod.

Langes Schweigen

Alter Mann: „Darf ich Dir einen Rat geben, kleine Welle?"

Kleine Welle: „Ja natürlich".

Alter Mann: „Dies möchte ich Dir mit auf den Weg geben: **Wenn Du leidest, verbünde Dich mit Deinem Atem.** Atme ein, bis weiteres Einatmen nicht mehr möglich ist – voller Liebe. Und atme tief aus, bis weiteres Ausatmen nicht mehr möglich ist. **Wahre Liebe atmet mit Dir."**

Der alte Mann, müde geworden, lehnt sich im Boot zurück und sagt: „Kleine Welle, hilfst Du mir beim Sterben?"

Kleine Welle entsetzt: „Was soll ich? Ich will nicht, dass Du stirbst und werde Dir dabei nicht helfen". Tränen benetzen die Wangen der kleinen Welle.

Langes Schweigen.

Langes Schweigen.

Langes Schweigen.

„Alter Mann, Deine Wangen glänzen ja, die sind ja nass. Weinst Du, alter Mann? – Du weinst ja! Du weinst ja! - Warum weinst Du, alter Mann?"

„Ich weine, weil ich meine Lieben verlassen muss. Ich weine, weil ich ein Mensch bin. Ich weiß, dass ich unvollkommen bin.

Vielleicht kannst Du mir doch beim Sterben helfen, kleine Welle?"

Kleine Welle schluchzend: „Ich will nicht, dass Du stirbst, Du bist doch mein Freund!"

Langes Schweigen.

„Ich wüsste auch nicht, wie ich Dir beim Sterben helfen könnte"

„ Du könntest mir helfen, indem Du mir die Worte sagst, um die ich Dich bitte:

Sag bitte:

Alter Mann, Du willst das andere Ufer erreichen, gib Dein „Ich" vollkommen auf. Wirf Dein „Ich" weg! - Es gibt nichts, was Dir gehört. Es gibt nichts, was Du als Dein betrachten könntest. Auch Deine Liebe zu Deinen Kindern und Deinen Enkeln ist nicht Dein. Gib alle Gedanken auf, lass alles los und kehre zu Deinem Ursprung, Deinem Zuhause zurück – kehre zur Wahren Liebe zurück!"

Die kleine Welle sitzt unbeweglich, starr, erschrocken. Allmählich beginnt sie zu verstehen: Der alte Mann meint es ernst. Er ist entschlossen zu sterben.

Der alte Mann sitzt in seinem Boot, die Augen geschlossen. Schweres Atmen. Langes Schweigen

Unregelmäßiges Atmen

Stockendes Atmen

Das Ein- und Ausatmen ist für den alten Mann anstrengend geworden. Der kleinen Welle wird bewusst: Ich muss ihm das Sterben erlauben. Ich muss dem alten Mann jetzt helfen.

Sie weint die Sätze, um die der alte Mann sie gebeten hat.

„Alter Mann, Du willst das andere Ufer erreichen, gib Dein „Ich" vollkommen auf, wirf Dein „Ich" weg! Es gibt nichts, was Dir gehört, alter Mann. Es gibt nichts, was Du als Dein betrachten könntest. Auch Deine Liebe zu Deinen Kindern und Deinen Enkeln ist nicht Dein. Gib alle Gedanken auf, lass alles los und kehre zu Deinem Ursprung, Deinem Zuhause zurück – kehre zur Wahren Liebe zurück!"

Während die kleine Welle weinend den Wunsch des alten Mannes erfüllt und das spricht, worum er sie gebeten hat, zaubert sich ein heiteres Lächeln in das Gesicht des alten Mannes.

Heiteres Lächeln.

Stille. Stille. Stille.

„Alter Mann, lauter: „Alter Mann, antworte mir!" Flehend: „Alter Mann, warum antwortest Du mir nicht?!"

Weinen schüttelt den Körper der kleinen Welle.

Dunkolhoit

Schwarze Nacht

Meer ohne Bewegung

Das andere Ufer

Leere

Alles, was Gestalt ist, ist Leere

Alles, was Gefühl ist, ist Leere

Alles, was Wahrnehmung ist, ist Leere

Gedanken sind Leere

Bewusstsein ist Leere

Es gibt kein Alter und keinen Tod.

Es gibt kein Leiden.

Wo ist die Sonne hingegangen, wenn es Nacht wird?

Wo ist der Wind hingegangen, wenn er aufgehört hat
zu wehen?

Wohin gehen die Wellen, wenn sie zur Ruhe
kommen?

Wo ist der alte Mann jetzt?

Bündnis mit dem Atem, sei mutig, vertraue Deiner eigenen Kraft

Die kleine Welle erinnert sich an den Rat des alten Mannes:

Wenn Du leidest, verbünde Dich mit Deinem Atem! Atme tief ein, bis weiteres Einatmen nicht mehr möglich ist – voller Liebe! Atme tief aus, bis weiteres Ausatmen nicht mehr möglich ist!

Die kleine Welle atmet tief ein, bis weiteres Einatmen nicht mehr möglich ist und atmet tief aus, bis weiteres Ausatmen nicht mehr möglich ist.

Weinen

Verzweiflung

Schmerz

Vertrau mir Kleine Welle, oft begegnet man erst in der tiefsten Verzweiflung seinem wahren Liebhaber.

Einatmen, bis weiteres Einatmen nicht mehr möglich ist, Ausatmen, bis weiteres Ausatmen nicht mehr möglich ist.

Gefühl der Verlassenheit

Vertrau mir Kleine Welle, Du bist nie alleine. Wahre Liebe ist immer bei Dir.

Einatmen, bis weiteres Einatmen nicht mehr möglich ist, Ausatmen, bis weiteres Ausatmen nicht mehr möglich ist.

Vertrau mir Kleine Welle, Wahre Liebe atmet mit Dir. Wahre Liebe ist der Atem allen Atems.

Einatmen, bis weiteres Einatmen nicht mehr möglich ist. Ausatmen, bis weiteres Ausatmen nicht mehr möglich ist.

Gedankenqual

Vertrau mir Kleine Welle: Mach Dich frei von Denken, frei von Denken, frei von Denken!

Tiefes Einatmen, bis weiteres Einatmen nicht mehr möglich ist. Ausatmen, bis weiteres Ausatmen nicht mehr möglich ist.

Kopfschmerz, Übelkeit

Einatmen, bis weiteres Einatmen nicht mehr möglich ist, Ausatmen, bis weiteres Ausatmen nicht mehr möglich ist.

Erschöpfung

Vertrau mir kleine Welle: Es gibt eine Kraft, die alles zu einem guten Ende bringt. Jedes Leid, jeden Kummer, alle Tränen! Alles löst sich in Wahrer Liebe auf.

Einatmen, bis weiteres Einatmen nicht mehr möglich ist. Ausatmen, bis weiteres Ausatmen nicht mehr möglich ist.

Nacht

Kleine Welle, wie kannst Du eine Beziehung herstellen mit Gott, Buddha oder Deinen verstorbenen Lieben?

Wir können Sie nicht mit unseren Augen sehen, aber wir können vorstellungsmäßig eine Beziehung eingehen. Es ist die Welt des Geistes. Wenn Du nicht eine spirituelle, eine psychologische Beziehung zu Deinen Lieben herstellen kannst, kannst Du ihnen nicht begegnen.

Sei mutig, kleine Welle, vertrau Deiner eigenen Kraft, welche Wahre Liebe ist!

Schlaf

Tiefer Schlaf

Erlösung – Befreiung – Freude – Wahre Liebe

Am Morgen öffnen die ersten blinzelnden Sonnenstrahlen die Äuglein der kleinen Welle.

Selbstvergessen, sich auflösend, schaut die kleine Welle in die Sonne.

Eins mit der Sonne

Erschrecken

Eine neue Welt wird geboren.

Die Sonne ist mein Selbst!

Das Meer, das Ufer, die Blume, der Mond, die Sterne, sind mein Selbst!

Befreiung

Erlösung

Wiederauferstehung

Wiedergeburt

Unfehlbar kehrt man zum Leben zurück

Grenzenlose Glückseligkeit

Freudentränen

Was für eine überwältigende Gewissheit:

Alles ist mein Selbst!

Die kleine Welle erfährt Wahre Liebe